I M A G E   M A N A G E M E N T

항공사 면접성공을 위한

이미지경영

문희정 · 박지현 공저

SEROMI

Contents

PART 01
승무원 이미지메이킹의 개요

PART 02
승무원 이미지메이킹의 실제

PART 01
승무원 이미지메이킹의 개요

Contents

Chapter 01 이미지의 개념

01 이미지(IMAGE)의 정의

이미지의 어원은 그리스어의 아이컨(eikon)이며 성상(聖像), 상(像)으로 해석되어지며 리셈블란스(resemblance, 닮음)의 뜻을 갖고 있다. 또한 라틴어의 이마고(Imago)에서도 그 어원을 찾을 수 있으며 이것의 동사형은 이미테이션(imitation)이는 '모방하다'라는 이미테이트(imitate) 뜻을 지니고 있다.

이미지(Image)란 심리학적인 용어로 '머리에 떠오른 것으로서 감각적 성질을 지닌 것'이라 정의할 수 있으며 감각기관에 대한 자극작용 없이 마음 속에 떠오르는 영상(映像)으로서 일반적으로 구체적이고 직관적(直觀的)인 상(像)을 말한다. 쉽게 말해 이미지란, 특정한 사물이나 인물에 대해 특정한 감정을 가지게 하는 영상이라고 할 수 있다. 이미지는 크게 외적 이미지와 내적 이미지로 나눠어 진다. 인간의 근간(根幹)이며 본질이 되는 심리, 정신, 정서 등이 내적 이미지에 해당되며, 외적 이미지는 외모, 언행, 표정, 자세 등 외부로 표현되는 현상(現像)들로 구성된다.

개인 이미지(personal image)는 그 사람에 대해 갖는 독특하고 고유하며 특유한 느낌이다. 이는 어떠한 대상에 관한 경험에서 생기는 것으로 개인의 지각을 통해서 의미화되고 연상에 의해 형성되고 각인되는 것이기 때문에 이미지의 특성에 따라서 개인차가 나타날 수 있다. 한편, 자기 이미지(self-image)란 자기 자신에 대하여 갖고 있는 준거 체계로써, 자신에 대해 지각하는 모든 것과 행동을 결정짓는 태도나 느낌의 총체이다.

이와 같은 이미지가 갖는 몇 가지의 특성은 다음과 같다.

첫째, 이미지는 정서성을 동반하는 주관적인 평가다

둘째, 이미지는 심볼에 의해 연상되는 관념이나 사물의 총체이다.

셋째, 이미지는 정신작용의 산물이므로 같은 대상에 대해서도 사람마다 다르게 지각할 수 있다.

넷째, 이미 형성되어진 이미지는 차후 정보를 받아들이는 과정에서 여과 기능을 발휘한다.

다섯째, 이미지는 학습이나 정보에 의해 변화할 수 있다.

우리나라에서는 처음 광고분야에서부터 이미지란 용어를 사용하였고 사회가 고도 산업사회가 될수록 이미지는 매우 중요한 마케팅 요소로서 작용하게 되는데, 그것은 이미지가 추상적이며 관념적인 것 같이 생각되지만 태도, 선입관, 가치관 등에 영향을 미쳐 현실적으로 행동을 좌우하는 잠재적인 큰 힘을 가지고 있기 때문이다.

02 개인 이미지의 형성요소

개인의 객관적인 이미지는 얼굴 전체에서 보여주는 시각적 이미지와 음성을 통한 청각적 이미지 외에 행동에서 자연스럽게 보여지는 동작, 태도, 매너 등에 의해 형성된다. 본인의 이미지를 철저하게 관리하는 사람들은 상황에 따른 표정관리에서 시기 적절한 바디 랭귀지, 세련된 매너, 본인의 색깔을 돋보이게 표현할 줄 아는 패션감각 등 어느 것 하나 소홀히 하지 않는다.

이들의 이미지를 크게 두 측면으로 나누어보면

첫째는 눈으로 보여지고 확인할 수 있는 시각적 요소이다. 여기에는 우선 그 사람의 얼굴(메이크업, 헤어, 표정 등), 전체적인 패션(의상, 악세서리), 앉고 서고 걷는 등 움직임에서 나타나는 자세, 그리고 예의를 갖추어 매너 등이 이에 속한다.

둘째는 청각적 요소로서 그 사람의 목소리, 커뮤니케이션의 능력, 어투 등이 여기에 속한다.

이렇든 한 사람의 이미지를 형성하는 데에는 매우 많은 요소들이 포함되어 있으며 이러한 것들이 서로 조화를 이루지 못한다면 그 사람의 이미지는 바람직하게 형성되기 어려울 것이다. 가령, 의상이나 헤어 등 외모적으로 보여지는 느낌은 매우 점잖고 고급스런 이미지인데 정작 말을 시켜보니 아주 높은 톤 혹은 신경질적인 말투를 사용하는 신사가 있다고 생각해 보자. 아마도 여러분은 이 신사의 이미지에 대해 혼란스러울 것이다. 이 혼란은 이 신사의 외모적 이미지와 스피치 이미지가 서로 조화를 이루지 못한 결과물인 것이다.

따라서, 우리가 이미지를 만들어 나갈 때 무조건 광범위하게 생각하기 보다는 몇 가지 요소로 분류하여 접근해 볼 필요가 있다.

1 표정이미지

얼굴표정은 개인의 생각이나 심리 상태 성품 등을 자연스럽게 밖으로 나타내고 살아온 생애의 흔적과 생활 정도 등을 엿볼 수 있는 곳이며 대인관계에 있어서 자신의 생각과 정서를 가장 훌륭하게 표현할 수 있는 곳이다. 따라서 밝은 얼굴 표정은 이미지 형성에 필수적이므로 항상 표정관리에 관심을 가지고 노력해야 하며 이것은 곧, 첫인상을 좋게 하는 중요 포인트가 된다.

내가 상대에게 마음으로는 친근감, 존경심 등 긍정적 마인드를 가지고 있다 해도 겉으로 드러나는 표정이 굳어 있다면 아마도 상대방은 자신에게 호감이 없다거나 혹은 적개심을 가지고 있다라고 오해할지도 모를 일이다. 표정은 인간의 감정을 표현하는 주된 비언어적 수단인 것이다.

따라서 상대에게 호감을 주고 또 나의 호감을 나타내기 위해서는 눈이나 입 등 얼굴 근육의 훈련을 통해 밝은 표정을 연출하여 원만한 대인관계를 형성할 수 있어야 한다.

2 용모이미지

개인의 신체적인 모습이나 의상은 그 사람의 전반적 이미지 뿐만 아니라 그 사람의 직업, 사회 · 경제적 위치, 취향 등 그 배경까지도 미루어 짐작케 한다. 즉,

외모(appearance)는 그 사람의 심성과 생각이 작용하고, 감정과 습관이 반영되며, 그 사람의 욕구가 잠재되어져 종합적으로 외부에 표출된 것이라 할 수 있다. 다시 말해 사람들은 타인의 외모를 통하여 그 사람의 의중을 파악하고 어떤 종류의 사람인지 평가하게 되며, 사귀어 볼만한 가치가 있는지 등을 가늠하여 그 사람에 대한 즉각적인 판단을 하는 것이다. 이와 관련 많은 연구에서 신체적으로 매력적이지 않은 사람은 차별대우를 받을 수 있다는 결과가 보고되어 왔다. 동등한 자격을 갖춘 이력서를 비교할 때, 의사결정권자들은 종종 매력적인 사람을 고용하고 싶어 한다. 외모는 그 사람의 능력을 판단하게 하는 수단으로도 사용되기 때문이다.

다음은 MBC스페셜에서 소개된 자료이다.

위 그림에서 알 수 있듯이 미국 남자 CEO 평균키가 성인남자 평균 키보다 훨씬 큰 것은 단지 우연일까? 아니면 신장이 클수록 머리가 명석하거나 사업 수완이 좋은 걸까?

그렇지 않다. 위에서 지적한 것처럼 의사결정권자들의 오류로써 외모가 그 사람의 능력을 판단하는 수단으로 작용했다는 증거이다.

이 외에도 서비스업 종사자라면 그가 속해 있는 회사의 이미지를 반영하게 되며, 용모 자체가 그 회사의 서비스 품질이 된다는 것을 명심해야 한다. 단정하고 세련된 용모를 위해서는 의상, 메이크업 그리고 헤어스타일이 잘 어우러져야 긍정적 이미지를 줄 수 있다. 너무 과한 화장이나, 때와 장소에 맞지 않는 의상과 헤어, 신분에 어울리지 않는 악세서리 등은 삼가해야 한다.

3 태도이미지

우리가 흔히 'attitude가 좋다' 라고 표현 할 때 이 'attitude'에 해당하는 것이 바로 태도 이미지다. 태도는 인격을 나타내는 중요한 매체가 되며 그 사람의 기본적 마인드나 평소의 몸가짐 등을 유추해 볼 수 있는 중요한 단서가 된다.

가령 면접 시 한 쪽 다리로 지탱하고 서 있는 지원자를 본다면 면접관은 그 사람을 매우 불손하다고 판단할 것이다. 마찬가지로 착석을 권했을 시 지나치게 의자 등에 기대어 앉은 채 다리까지 쩍 벌리고 있는 지원자에게는 매우 건방진 사람이라 평가할 것이다. 이것뿐이겠는가? 위 상황이 여성 지원자의 경우라면 몸가짐이 조신치 못하다는 낙인이 찍힐 것이다. 반대로 의자 끝에 살짝 조심스레 걸치고 앉아 있는 지원자는 매우 긴장하고 있다는 판단과 함께 어쩌면 소심하고 수동적이다라는 평가마저 따를 수 있을 것이다

이처럼 걷거나 앉고 서는 등 기본적인 자세는 물론이고 대화 시에 보여주는 제스처, 세련된 매너 등을 자연스럽게 소화할 수 있도록 몸에 익혀야 상대방에게 좋은 이미지를 줄 수 있다.

4 스피치이미지

인간관계의 기본은 커뮤니케이션이다. 커뮤니케이션 능력은 사회생활에서 반드시 필요한 요소이며 이것이 기본적으로 갖추어져 있지 않은 사람은 부정적 이미지는 물론이고 본인 스스로도 사회생활에 자신감을 잃게 된다. 따라서, 주위 상황과 여건에 따라 볼륨과 음률을 조절하며 적절한 속도로 알맞은 어휘를 사용해 의사전달을 하는 것이 필요하다. 또한 예절의 범주에서 보면 타인에게 경어를 쓰는 것은 그 사람의 인성과 인격을 나타내는 중요한 역할을 하고 있다.

이상은 우리가 개인의 이미지를 형성하는 요소들이다.

이미지형성 요소는 인간의 본질인 내적 요소와 신체적인 외적 요소, 인간관계의

사회적인 요소 등이 복합적으로 작용하여 이미지를 이루게 되는 것이다.

각 요소들을 균형있고 조화롭게 계발하여야 함은 물론이며 이 요소들의 근간을 이루고 있는 내적인 바탕이 먼저 이루어져야 함은 두 말 할 나위가 없다.

03 개인의 이미지 지수

다음은 개인의 이미지 지수를 체크할 수 있는 진단지이다. 본인이 바라보는 자아의 이미지를 알아보고 본인의 이미지를 향상시키는 요인이 무엇인지를 파악할 수 있다.

이미지 A지수 체크

◈ 해당되는 항목에 체크하세요

- □ 자기를 사랑한다.
- □ 긍정적이고 적극적인 성격이다.
- □ 인생의 뚜렷한 희망과 목표가 있다.
- □ 나쁜 습관보다 좋은 습관을 더 많이 가지고 있다.
- □ 상대가 자신을 어떻게 생각할까를 의식하는 편이다.
- □ 감정적이기 보다 이성적이다.
- □ 화가 날 때 심호흡을 하며 흥분을 가라앉힌다.
- □ 자기 개발을 다루는 서적을 즐겨 읽는다.
- □ 연극, 음악회 등의 다양한 문화행사에 적극적으로 참여한다.
- □ 눈치(이해력과 판단력)가 빠른 편이다.
- □ 무력감과 우울증에서 빠르게 벗어날 수 있다.
- □ 미래의 성공 이미지를 자주 그린다.
- □ 매일 짧게라도 기도나 명상을 한다.
- □ 사람들을 만나는 것이 즐겁다.
- □ 대인관계가 원만하다.
- □ 남에게 말한 약속은 반드시 지키려고 노력한다.
- □ 생각하고 고민하기보다는 먼저 행동으로 옮긴다.
- □ 인사성이 좋고 친절하다.
- □ 스트레스가 쌓이면 취미(음악, 영화감상, 독서, 운동 등)생활로 풀어버린다.
- □ 시간 약속을 중시여기며 잘 지키는 편이다.

- □ 친구와 의미 없는 시간을 보내면 시간이 아깝다는 생각이 든다.
- □ 할의 수면 시간은 다섯 시간 내외다.
- □ 아침형 인간이다.
- □ 자신의 사전에 심심하고 무료한 시간이란 있을 수 없다.
- □ 자신에게 이미지 모델(닮고 싶어 하는 인물)이 있다.

이미지 B지수 체크

◈ 해당되는 항목에 체크하세요

- □ 대체로 자신의 외모에 만족한다.
- □ 평소 잘 웃는 편이다.
- □ 사진 찍는 것을 좋아한다.
- □ 사람을 처음 만날 때 웃으면서 악수 할 수 있다.
- □ 거울이 있으면 습관적으로 몸 전체의 표정을 쭉 훑어본다.
- □ 자기보다 매력적인 사람을 만나면 그 사람의 외적 이미지를 유심히 관찰한다.
- □ 직장 상사로부터 꾸중을 들을 때 멋쩍은 미소를 띤다.
- □ 사람들 앞에 나서는 것이 결코 두렵지 않다.
- □ 화장을 자연스럽게 잘하는 편이다.(남자는 면도를 잘하고 다닌다.)
- □ 머리 염색은 튀는 컬러보다는 자연스러운 갈색 머리 염색을 선호한다.
- □ 얼굴에 트러블이 생기면 즉각 피부과에서 치료를 받는다.
- □ 체중이 불어나면 즉시 다이어트에 들어간다.
- □ 자신의 피부색에 어울리는 컬러를 알고 있다.
- □ 자기 체형의 결점을 커버하는 패션 감각을 가지고 있다.
- □ 튀는 패션 컬러는 별로 좋아하지 않는다.
- □ 깔끔하고 단정한 패션 스타일을 좋아한다.
- □ 상황에 맞게 옷을 입을 줄 안다.
- □ 여러 종류의 스카프(넥타이)를 가지고 있다.
- □ 때에 따라 향수를 뿌린다.
- □ 겨울보다 노출할 수 있는 여름이 더 좋다.
- □ 정중한 인사를 할 수 있다.
- □ 악수를 세련되게 할 수 있다.
- □ 자세가 반듯하다.
- □ 걸음걸이가 당당하다.
- □ 몸짓과 제스처가 우아하고 품격이 흐른다.

이미지 지수 평가

이미지 A그룹과 B그룹을 체크해 본 결과 자신에게 해당하는 항목이 몇 개씩인가?
그 개수에 해당하는 좌표에 점을 찍어 자신의 영역을 찾아보자.
이미지 A는 내적 항목이고 이미지 B는 외적 항목이다.

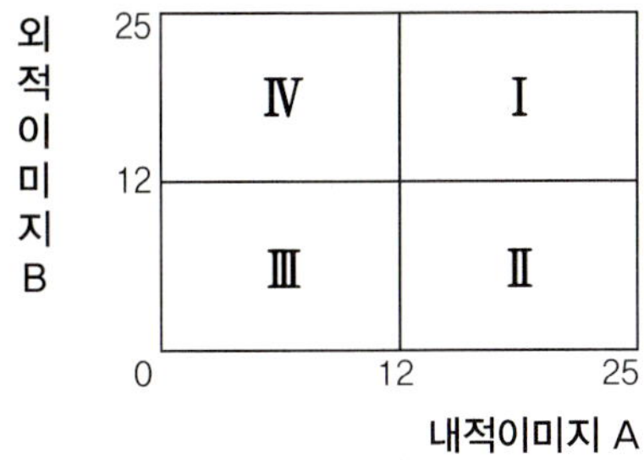

[그림 1] 이미지 지수 진단

영역 별 이미지 해설

Ⅰ영역 : 당신은 내적 이미지와 외적 이미지를 잘 갖추고 있다. 또한 삶에 대한 의욕도 대단히 강하다. 자신만의 개성과 매력을 지속적으로 개발한다면 무리 없이 목표 달성할 수 있을 것이다.

Ⅱ영역 : 당신은 외모보다 내적 이미지의 가치를 중시 여기는 사람이다. 때로는 외적 이미지를 추구하는 사람들에게서 우월감을 느낄 때도 있다. 그러나 외모지상주의의 현대 문화에 직면하여 당신은 생각을 바꾸지 않으면 안 된다. 당신은 변화에 적응할 수 있는 잠재력이 있으므로 지금부터라도 외적 이미지의 중요성을 인식하고 변화한다면 빠른 속도로 경쟁력을 높일 수 있다. 당신의 지성에 감각적인 외적 이미지가 추가된다면 당신은 너무나 매력적인 사람이 될 수 있을 것이다.

Ⅲ영역 : 당신은 내적 이미지와 외적 이미지 모두에 관심이 부족한 사람이다. 무슨 일을 해도 잘 되지 않는다는 패배의식을 가지고 있으며 자신감이 부족하여 매사에 소극적인 타입이다. 먼저 외적 이미지를 구축해 보자. 그러면 어느새 내적 이미지가 강화되어 매사에 긍정적이고 적극적으로 변화된 당신을 발견하게 될 것이다.

Ⅳ영역 : 당신은 외적 이미지에 치중하는 편이다. 지적 능력을 키우기 위해 독서량을 늘리고 자기 개발 프로그램에 적극적으로 참여할 필요가 있다. 또한 좀 더 전략적 차원에서 외적 이미지를 추구할 필요가 있다. 상황에 맞는 외적 이미지 연출은 내면을 돋보이게 하는 힘이 있다. 자신의 타고난 감각을 바탕으로 하여 당신의 내재된 능력을 최대한 끌어올릴 수 있다.

Chapter 02 항공사 승무원 이미지의 이해

항공사 승무원이 되기 위해 준비하고 있는 예비 승무원들은 구체적인 이미지메이킹에 앞서 반드시 지피지기(知彼知己)를 명심해야 한다. 목표하는 항공사가 있다면 그 항공사에 대해 먼저 알고 있어야 제대로 공략할 수 있기 때문이다. 그 항공사가 무엇을 원하는지, 어떠한 승무원상을 바람직하다고 보는지, 추구하는 것이 무엇인지를 제대로 알지 못한다면 사실상 효과적인 어필은 어려운 것이다.

따라서, 개개인의 이미지를 만들기에 앞서 승무원이 속한 항공사가 항공운송산업체이자 서비스 기업임을 염두에 두고 항공사가 추구하는 이미지는 무엇인지, 왜 이미지 구축이 중요하며 그 일환으로 중요시 되는 승무원의 이미지는 어떠한 의미를 갖는지 먼저 알아보도록 하자.

01 항공사의 이미지

1 항공사의 이미지의 개념

항공사 이미지라 함은 특정 항공사에 대해 승객이 갖는 선호성, 즉 승객들이 항공사에 대해 갖는 정신적 개념 또는 인상에 있어서 부정적이거나 긍정적인 태도를 갖는 것이라고 할 수 있다. 다시 말해 항공사의 이미지는 탑승 승객들의 주관적인 가치 판단에 따라 다르게 인식되고 항공사의 물적, 인적 서비스 모두를 포함하는 총체적 커뮤니케이션에 의해 영향을 받으며, 항공사가 고객들에게 전달하는 모든 정보를 포함하여 항공사가 고객들로 하여금 갖게 하는 총체적인 심상이라고 할 수 있다. 이처럼 항공사 를 포함한 기업의 이미지는 기업이 가지고 있는 실체가 아니라 일반 대중이 기업에 대해 갖고 있는 심상이기 때문에 논리적이라기 보다는 감정적인 특징을 가지고 있다.

인식은 주관적인 요소가 많이 개입되는 것이기 때문에 항공사 이미지가 어떤 속성들로 형성되는가를 보는 관점은 조금씩 다를 수 있다. 그러나 공통적으로 항공사 이미지는 물적 요소, 인적 요소, 운항관련 요소, 시스템 관련 요소, 마지막으로 시각적 요소들로 구성된다는 점에서는 일치한다.

항공사 이미지 구성요소를 살펴보면 다음과 같다.

첫째, 물적 요소에는 항공기, 기내좌석, 기내식, 엔터테인먼트 설비, 기내판매 물품 등으로 구성되며

둘째, 객실 승무원, 운항 승무원, 지상직원 등이 인적 요소로 꼽힌다.

셋째, 운항 관련 요소는 스케쥴의 편리성, 운항노선, 안전성 등으로 구성되며

넷째, 상용고객에 대한 처우, 마일리지 이용, 타 항공사와의 제휴, 예약/발권 시스템 등이 시스템 관련 요소에 속한다.

마지막으로 CI(company identity)와 관련된 항목으로 항공기 색상, 직원의 유니폼, 항공기 인테리어, 로고 등 시각적 요소 들을 들 수 있다.

예를 들어, 유머경영으로 유명한 사우스 웨스트 항공은 비용절감에 따른 할인전략과 직원 중심의 경영으로 이미지를 구축하여 직원의 근무 만족도 1위를 자랑하는 항공사로서 자리매김 하였다. 국내 아시아나 항공도 기업 메세나와 문화마케팅을 병행해 기업 문화이미지를 쌓고 있는 좋은 예가 될 것이다.

2 항공사 이미지의 중요성

항공 산업에서의 서비스품질과 고객 충성도에 관한 연구를 보면 여러가지 서비스 항목, 예를 들어 공항발권 카운터에서의 대기, 좌석의 편안함, 기내식의 질과 적절양, 승무원의 전반적인 서비스 태도, 기내 인테리어, 운항시간엄수 등은 고객의 마음속에 지각이 되고 그 지각된 서비스 품질에 대한 인식은 해당 항공사의 이미지로서 고객에게 형성된다고 한다. 여러 번의 호의적인 경험은 긍정적인 이미지

와 호감을 이끌어 낼 수 있으며 나아가서는 고객 충성도에도 영향을 미치게 되는 것이다.

다시 말해 항공사 이미지가 고객에게 긍정적으로 인식되었을 경우 탑승을 유도하여 그 항공사의 경영성과에 중요한 역할을 한다는 점에서는 이견의 여지가 없다. 뿐만 아니라, 항공사의 이미지는 항공 산업의 성장과 발전의 잠재력을 결정짓는 중요한 요인으로서 고객의 특정 항공사 선택 결정은 물론이고 재탑승 및 고객의 주변 인물들이 그 항공사에 대해 갖게 되는 인식(구전효과)에도 매우 큰영향을 미친다. 즉, 재구매 및 추천 의도에 중요한 변수로 작용하는 것이다.

항공사의 이미지가 중요한 이유를 다음과 같이 정리할 수 있다.

첫째, 시간의 편리성 이외에 경쟁 항공사간 뚜렷하게 다른 기준이 없는 항공상품의 특성으로 인해 별다른 항공사 선정 기준을 갖지 못한 일반 고객에게 판단 기준이 될 수 있다

둘째, 고객의 유형에 따라 상품선택에 있어서 중요하게 여기는 속성이 다르다. 따라서 항공사는 이러한 속성 중 중요한 것이 무엇인가를 밝혀 그에 따른 이미지를 부각시킴으로써 효과적인 광고를 수행할 수 있도록 한다.

셋째, 고객의 생활수준과 의식수준이 나아짐에 따라 항공 상품의 물질적 속성보다는 항공사의 이미지가 효율적인 마케팅 수단으로서 중요한 역할을 한다.

뿐만 아니라 그 항공사가 잠재적인 제휴 파트너와 제휴를 맺을 때 파트너의 의사결정의 중요한 기준으로 작용하게 된다.

이처럼 항공사의 이미지는 항공사에 대한 고객의 의사결정 및 동기부여에 대한 매우 중요한 역할을 수행하므로 타 항공사와의 유사성을 극복하고 자사의 이미지를 강화하는 것이 주 내용이 된다.

따라서, 항공사들은 자사가 원하는 이미지를 계발하고 고객이 선호하는 이미지를 분석하여 광고, 유니폼, 항공기 색상, 로고 등에 반영해 항공사의 이미지를 창출한다.

항공사가 판매하는 상품에는 물건이나 사람을 수송하는 것이 주요 목적이지만

그것만으로는 '상품' 으로서 불완전하며 좌석에 인적 서비스가 결합되어야 '상품' 이 되는 것이다. 즉, 인적 서비스가 상품의 질을 결정하는 중요한 단서가 되는 것이다. 비슷한 기종의 항공기와 비슷한 넓이의 좌석을 제공하는 하드웨어적인 서비스 측면에서의 차별화는 어려우나 인적자원의 고품질화는 충분한 상품의 질 향상을 기대할 수 있을 것이다. 이에 따라 항공사 이미지는 고객서비스의 최일선에서 업무를 수행하는 인적자원의 역할이 강조되며 항공사들은 고객의 욕구를 충족시키기 위해 가장 많은 시간 동안 기내에서 인적서비스를 담당하는 승무원의 교육에 심혈을 기울인다. 실제로 '싱가폴걸' 이라는 이미지 컨셉으로 성공을 거두어 객실서비스 1위라는 명성을 떨치는 싱가폴항공은 세계 최고라고 인정 받은 객실의 서비스 질을 유지하기 위해 매년 1억 달러의 경비를 직원의 훈련 및 능력 계발을 위해 사용하고 있다.

02 항공사 객실승무원의 이미지

1 항공사 객실승무원의 역할

기업의 이미지는 무형 자산으로서 큰 부분을 차지하며 그 이미지를 구성하는데 가장 중요한 요인 중 하나가 바로 인적 요소이다. 특히 항공사는 서비스 산업인 만큼 항공기가 출발하기 전인 예약업무에서부터 목적지에 도착할 때까지 어느 한 부서도 인적 서비스가 소홀한 곳이 없다. 그 중에서도 기내에서의 객실서비스는 항공 서비스의 가장 핵심 분야라고 할 수 있다. 승객들과 가장 오랜 시간 최접점에서 서비스를 제공하는 승무원의 이미지가 해당 항공사의 다른 이미지 구성 요소들에 비해 더 크게 작용하는 것이다. 결국 점차 경쟁이 치열해지는 항공산업에서 차별화의 핵심 소프트웨어로서 승무원들이 더욱 중요한 역할을 수행하고 있는 것이다.

미소와 친절, 매너를 갖춘 최고의 서비스 전문직으로 인식 되어지고 소속 항공사의 이미지로 직결되는 객실승무원은 승객의 안전을 책임지고 승객이 목적지까지 편안하게 도착할 수 있도록 보살피는 역할을 하고 있다. 뿐만 아니라 기내 시

설물, 엔터테인먼트 식·음료 등의 물적 서비스를 승객에게 제공하는 중요한 인적 자원으로서 단정한 용모, 미소와 예절, 항공업무지식과 글로벌 직업인으로서의 언어소통 능력 등 다양한 자질들이 요구된다. 또한, 기내라는 특수하고도 제한적인 근무 환경으로 인해 예상치 못하게 발생되는 비상 상황에 대응할 수 있는 순발력 있는 대처 능력도 필요하다.

따라서, 항공사 승무원은 위의 역할을 수행할 수 있는 능력과 외모가 조화를 이룬 이미지관리가 필요하다.

항공사의 서비스는 직접적으로 그 서비스를 수행하는 서비스 종사원들의 역할이 매우 중요하며 항공사의 서비스 생산성과도 직결된다고 할 수 있다. 기본적으로 물적 서비스(제품)의 품질이 우수해야 하고 이 물적 서비스를 제공하는 인적 자원이 고객을 만족시키는 열쇠인 것이다.

이것은 개인은 물론 항공사의 이미지까지 영향을 줄 수 있기 때문에 승무원들은 항공사의 이미지 메이커로써의 역할을 충실히 해내야 한다는 투철한 소속의식을 가져야 한다.

나아가, 항공사 승무원들은 자신의 직업 이미지를 올바로 파악하고 이를 계발하는 노력이 항공사 차원에서도 절실히 필요함과 동시에 기업의 사활이 걸린 중요한 사안임을 염두에 두어야 할 것이다.

2 항공사 객실승무원의 이미지

승객은 가까이 대면하는 승무원에게서 항공사 전체의 이미지를 느끼게 됨으로 승무원 각자가 항공사의 이미지메이커로서의 역할을 깊이 인식하고, 고객의 입장에서 생각하고 고객을 위해 봉사하는 사고와 행동이 기본이 되어야 한다. 승객은 직접 자신이 경험한 기내 서비스에 대해서 내린 평가는 여타 광고나 다른 사람의 의견과는 관계없이 독자적으로 마음속에 그 항공사의 이미지로 자리 잡을 것이다. 승객은 다음과 같은 여러 이미지적 요인으로 객실승무원의 이미지를 판단할 수 있다.

첫째, 기업이 가지고 있는 유니폼의 바른 착용으로 주는 깨끗하고 세련된 이미지이다. 자사의 안전하고 편안한 여행을 추구하는 승객들에게 편안하고 안락한 이미지와 함께 아름다움과 부드러움을 줄 수 있는 색상과 디자인의 유니폼은 기업이 제공하는 서비스의 중요한 일부분이다. 항공사를 선택하는 승객들은 그러한 이미지를 오랜 기간 동안 기억하게 된다.

둘째, 밝은 표정의 얼굴 이미지이다. 여기에는 눈의 표정, 입의 표정, 헤어의 표정 등 다양한 표정의 이미지를 가지고 있다. 이를 위해 항공사들은 승무원들에게 기업의 이미지를 나타낼 수 있는 표정과 미소를 훈련하며 메이크업의 컬러와 헤어의 스타일등을 정해 동일하고 표준화된 서비스를 제공하려고 노력하고 있다. 이 또한 승객들을 염두에 둔 승무원 이미지 관리라고 할 수 있다.

셋째, 올바르고 예의바른 인사의 이미지 표현일 것이다. 승객 전원에게 똑같은 인사말을 반복하거나 고개만 까딱하는 성의 없는 인사가 아니라 시간과 장소, 그리고 상황에 맞는 인사를 정성스레 건네는 것이 필요하다.

넷째, 각각의 승객에 대한 올바른 호칭과 경어에 대한 이미지가 필요하다. 어린 승객부터 고령의 승객까지 승객의 연령과 상황에 따라 적절한 호칭과 경어를 사용하는 것은 객실 여승무원의 이미지를 한층 더 높여준다.

다섯째, 승객의 불만과 불평을 능숙하지만 진심으로 처리하려는 태도이다. 승객의 불만 요소는 아무리 완벽한 준비를 가지고 서비스를 제공하더라도 자칫 방심하는 순간 발생하기 마련이다. 그렇다고 해서 그러한 불만과 불평을 의례 발생하는 것이라며 무시할 수 있는 것은 아니다. 기업은 이런 고객을 잘 유지시켜야 상용고객으로 만들 수 있을 뿐 아니라 고급스런 브랜드 이미지를 보여주고 유지할 수 있기 때문이다.

마지막으로 외국 승객에게 정확한 영어 구사와 함께 세련된 국제 매너로 서비스를 제공하는 객실승무원의 이미지를 요구한다. 아무리 탁월한 서비스를 제공하던 승무원이라 할지라도 외국인 앞에서 의사소통의 어려움을 보인다면 기대했던 이미지와는 분명 다른 실망감을 주게 될 것이다.

이상에서 설명한 승무원의 이미지를 고루 갖추기 위해서는 전문 직업인으로서 꾸준히 노력하며 끊임 없는 자기성장을 해 나가야 할 필요성이 있다.

MEMO

NOTE

Chapter 03 승무원 이미지메이킹의 이해

01 이미지메이킹의 개념

1 이미지메이킹의 정의

이미지메이킹(Image-Making)의 의미는 '이미지 만들기, 이미지를 향상시키다.' 등으로 사람이나 사물에 모두 포함되는 개념이다.

이미지메이킹이란 개인이 추구하는 목표를 이루기 위해 자기 이미지를 통합적으로 관리하는 행위이자 자기향상을 위한 개인의 노력을 통칭하는 것이며 결과적으로 외적인 이미지를 강화해서 긍정적인 내적 이미지를 끌어내는 시너지 효과를 일으키는 것이라 정의할 수 있다. 쉽게 말해, 개인의 이미지메이킹은 우리가 원하는 이상적인 상을 정해놓고, 그 이미지에 도달하기 위해 자신의 역량과 능력을 최대한 발휘하여, 될 수 있는 한 가장 이상적인 모습으로 만들어 가는 의도적인 변화 과정인 것이다.

이러한 과정을 필요로 하는 이유는 사회 심리학자 제임스(James)가 지적하였듯 사람들은 남들에게 자신을 내보이고 싶어 하며 좋게 인정받으려는 욕구를 가지고 있기 때문이다.

그렇다고 이미지메이킹이 진한 화장과 현란한 옷차림으로 전혀 새로운 사람으로 변신하는 '변장'의 개념은 아니다. 이미지메이킹에서 외모라 함은 생김새가 아니라 그 사람이 외적으로 풍기는 분위기로써 표정, 헤어스타일, 패션, 자세, 매너, 화술, 억양 등 많은 요소들이 복합적으로 조화되어 뿜어내는 그 사람만의 분위기를 말하는 것이다. 즉, 우리가 가지고 있는 본질과 장점을 잘 계발하여 효과적으로 표현하고자 하는 것이지, 잘못되고 추한 것을 무조건 덮고 안 보이도록 포장하여 감추는 위장술과는 의미가 다르다.

따라서 이미지메이킹이란 대인 지각시에 자신의 인상형성에 중요한 역할을 하는 의복, 메이크업, 헤어스타일은 물론이고 표정, 말씨, 매너, 행동 등을 잘 숙련시켜 타인으로 하여금 좋은 이미지를 갖도록 하며, 이런 과정을 거쳐 개인에게 잠재된 장점과 특징, 그리고 능력을 계발하여 자신의 최상의 모습을 갖춤으로써 사회에서 필요한 유능한 사람으로 인정받고자 하는 것이다.

시대의 변화를 수렴하되 자신의 진짜 모습을 바탕으로 가장 이상적인 자아를 만드는 과정이 곧 이미지메이킹이다.

2 이미지메이킹의 중요성

이미지란 겉으로 보이는 것, 들리는 것을 조합해서 완성한 것이다. 즉 상대방은 시각과 청각에 의해 보고, 듣고, 느끼는 대로 나의 이미지를 주관적으로 판단하는 경우가 대부분이므로 우리는 내면을 상대방에게 보일 수 있게 겉으로 표현하는 다양한 이미지 기술, 즉 이미지메이킹이 매우 중요하며 현대인에게 이미지메이킹이 필요한 이유가 바로 이것이다.

(1) 사회적 필요성

이미지메이킹이 중요한 이유는 인간은 사회적 존재이기 때문이다.

개인의 이미지는 그 주변 환경을 이루는 기본적 인간관계와 밀접한 관련이 있고, 나아가 더불어 살아가는 인간 사회의 구조 속에서 바람직한 인간관계는 개인의 행복과 삶의 질을 향상시키는데 직접 기여하며 이를 통해 보여지는 좋은 이미지는 언어로 전달되는 기본적인 설명보다 더 좋은 커뮤니케이션이 될 수 있다. 따라서 다른 사람에게 자신이 어떻게 보여지고 인식 되는지를 관리하는 과정은 바람직한 인간관계를 형성하는데 없어서는 안 될 불가피한 요소이다. 우리가 'OO다운', 혹은 'OO 답다' 란 표현을 쓸 때는 그 대상에게 예상되거나 기대되는 이미지가 있기 때문이다. 만약 그것이 충족되지 못했을 때 우리는 'OO 답지 못하다' 라는 말로 불만이나 실망감을 표현한다. 그런 이유로 정치인은 정치인다운 이미지를, 비즈니스맨은 비즈니스맨다운 이미지를 구축하기 위해 끊임없이 노력하는 것이다.

최근에는 이러한 일부의 정치인, 경영인, 연예인 뿐만 아니라 일반인에게도 이미지를 분석하고 진단한 후 업그레이드 시켜주는 이미지 컨설팅이 많아졌다. 그것은 면접을 위해, 비즈니스 경쟁력을 높이기 위해, 또는 자아실현을 위해 이미지를 계발하려는 이들이 많다는 이야기이다.

이 시대의 사회에서는 타고 난 이미지도 물론 중요하지만 후천적으로도 끊임없이 더 나은 이미지가 계발되어야 한다. 개인의 능력이 아무리 뛰어나다 해도 자기만의 이미지를 이상적으로 연출하지 못한다면 그 능력을 보여줄 기회를 상실하는 경우가 종종 있다. 예를 들어, 내적으로 서비스 마인드로 무장을 하고 글로벌 인재다운 외국어 실력을 갖추었다 해도 승무원 채용 시 첫 번째로 지원자의 의 자격을 평가하는 기준인 이미지가 제대로 갖추어져 있지 않다면 실제로 내재된 서비스마인드나 열심히 갈고 닦은 외국어 실력을 보여 줄 기회를 영영 잡지 못하게 되는 것이다.

비단 이 과정은 개인들만의 관심사가 아니다. 기업은 그 기업의 독립적이고 차별화 된 이미지를 만들고 어필하기 위해 노력하며 하나의 브랜드도 그 고유한 브랜드 이미지를 관리하고 소비자에게 인식시키기 위해 신경을 쓰고 있다.

(2) 첫인상

첫인상이란, 처음 만나는 사람에게서 느껴진 정보를 순간적으로 감지하고 평가와 결론을 정리해 개인의 인지구조에 의해 각인시켜 보관된 자료를 말한다. 이는 처음 대하는 사람에 대해 갖는 최초의 이미지이며 동시에 타인에게 자신을 개방하는 최초의 단계인 것이다. 우리가 흔히 처음 만나는 사람에 대해 '느낌이 좋아', 내지는 '딱 보니 별로야' 라고 표현하는 것들이 이 첫인상에 해당한다.

① 첫인상의 중요성

첫인상이 결정되는 것은 처음 대면 후 약 3초에 불과하다. 한 조사에 의하면 사람을 만나 2~3초 만에 첫인상을 형성해 최초 30초 후에 그 사람에 대해 최종 결론을 내린다고 한다. 이렇게 짧은 순간 동안에 그 사람에 대한 평가를 내리기 때문에 호감가는 외모, 호감가는 첫인상을 만들어야 하는 것이다. 이 때 인지된 첫인상에서 호감을 느껴야 지속적인 관계가 원활하게 이루어지기 때문에 첫인상은 인간관계의 출발점이며 키워드라고 할 수 있다. 보통 사람들은 긍정적인 부분 보다는 부정적인 부분에 더 집착하는 경향이 있다. 때문에 한 번 망가진 인상은 다시 회복하기 힘들다. 첫인상의 특징을 정리하면 다음과 같다.

- 일회성 - **보통 신인배우상을 거머쥔 배우들의 수상소감을 들어보면 공통된 점이 있다. 바로 연기 인생에서 단 한 번 밖에 기회가 오지 않는 상이라 더 의미기 있다라는 것이다. 첫인상도 전달되는 기회는 단 한 번 뿐이다. 부정적인 첫인상을 준 것 같아 후회스럽더라도 처음으로 돌아가 다시 한 번 첫인상을 줄 수는 없는 노릇이다. 따라서 자칫 한 번 잘못 비쳐지면 상대방의 기억 속에 오랫동안 각인되어 회복이 어려워진다.**

- 신속성 - **첫인상은 아주 빠른 순간에 전달되는 경우가 많다. 일상생활 속에서 어떤 사람의 행동이나 모습을 아주 짧은 순간만 접촉해도 그 사람에 대해 광범위한 인상을 형성하게 된다. 많은 사람들이 '척 보면 안다'라고 판단하는 것이 이에 해당되며 첫인상형성에 대한 심리학의 인지적 구두쇠 효과와 관계가 깊다.**

- 일방성 - **그 사람의 사실이나 진가를 확인하지 않고 보여지는 사람의 동의 없이 보는 사람의 기준(사고체계, 감정상태, 경험)에 따라 일방적으로 각인되어진다. 어느 누구도 '제가 당신에 대해 OO하다는 첫인상을 가져도 되나요?'라고 묻거나 허락을 구하지 않는다.**

- 연관성 - **첫인상은 상상과 연상을 가능케 한다. 이는 첫인상형성에 대한 심리학의 맥락효과와 일맥상통하는 특성으로 후속정보에 대해서도 첫인상과 연관지어 생각함을 의미한다. 가령 용모가 단정하고 수려해 첫인상이 좋았던 지원자에 대해 '지능이 높다'라는 후속정보가 들어온 경우 면접관들은 '게다가 현명하겠군'이라고 판단하는 반면 용모가 단정치 못하고 비호감을 느꼈던 지원자에 대해서는 동일한 후속정보에 대해 '게다가 교활하기까지..?'라는 반응을 한다는 것이다.**

② 첫인상의 형성 요소

인상을 형성한다는 것은 개인이 독립적으로 주어지는 각기 다른 정보들을 조직화시켜 하나의 의미 있는 전체형태로 지각하는 것을 의미한다. 미국의 사회 심리학자 앨버트 메라비언(Albert Mehrabian) 박사는 개인의 인상을 결정짓는 요소를 조사한 결과 시각(외모) 55%, 청각(목소리) 38%, 언어(말의 내용) 7%의 비중으로 영향을 미친다고 발표했다.

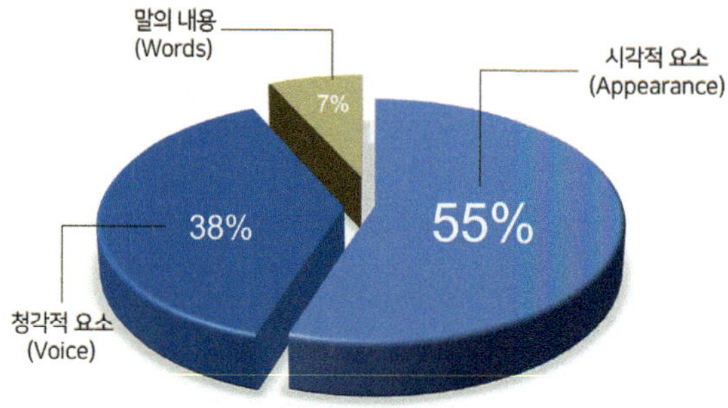

[그림 2] 메라비언 법칙

그의 이름을 딴 메라비언 법칙은 위에서 보는 도표와 같이 구성되며, 결국 우리가 누군가를 만나 첫인상이 결정되는 데에는 시각적 요인이 상당한 영향을 미친다는 것이다. 시각 이미지는 자세 · 용모와 복장 · 제스처 등 외적으로 보이는 부분을 말하며, 청각은 목소리의 톤이나 음색(音色)처럼 언어의 품질을 말하고, 언어는 말의 내용을 말한다. 이 메라비언의 법칙에 의하면, 대화를 통하여 상대방에 대한 호감 또는 비호감을 느끼는 데에서 상대방이 하는 말의 내용이 차지하는 비중은 7%로 그 영향이 미미하다. 반면에 말을 할 때의 태도나 목소리 등 말의 내용과 직접적으로 관계가 없는 외적 요소와 청각적 요소가 93%를 차지하여 상대방으로부터 받는 이미지를 좌우한다는 것이다.

③ 첫인상 형성의 심리적 효과

초두효과(Primacy Effect)

먼저 들어온 초기 정보가 나중에 들어온 후기 정보보다 인상형성에 더욱 강력한 영향을 미치는 현상을 말한다. 예를 들어 사람을 소개할 때 좋은 점을 먼저 소개하고 나쁜 점을 나중에 소개하게 되면, 소개를 받는 사람은 좋은 인상을 많이 가지게 되고, 반대로 소개하면 부정적 인상을 더 많이 갖게 된다.

예를 들어 A와 B라는 사람을 다음과 같이 소개한다고 가정해 보자

A는 시간을 잘 지킨다, 겸손하다, 이해심이 많다, 순발력이 떨어진다, 융통성이 없다, 고집이 세다

B는 고집이 세다, 융통성이 없다, 순발력이 떨어진다, 이해심이 많다, 겸손하다,시간을 잘 지킨다

여러분은 A와 B 중 어느 쪽에 더 호감을 느끼는가?
아마도 A일 것이다. 이는 부정적인 정보가 먼저 들어 온 B보다는 긍정적인 정보가 먼저 들어온 A에게서 더 좋은 인상을 받았기 때문이다.

부정성효과(Negativity Effect)

인간에게 부정적인 특징과 긍정적인 특징이 동시에 주어졌을 때 부정적인 특징이 긍정적인 특징 보다 더욱 강하게 작용하는 현상이다. 다시 말해 모든 것이 동일하다면 부정적인 특성들은 긍정적인 특성들보다 더 많은 영향을 준다. 더 나아가 10번 좋은 일을 하고도 한번 나쁜 행동을 했을 때 그 사람을 나쁘게 보거나 서운해 하는 것이 사람의 심리인 것이다.

예를 들어 시간약속 잘 지키고 청결을 중요시 하는 당신이 어렵게 시간을 낸 소개팅 자리에 상대남으로 나온 A와 B라는 사람을 평가해 보도록 하자.

A씨: 어제 야근한 관계로 시간약속을 지키느라 꼬질꼬질한 모습으로 나왔다.

B씨: 어제 야근을 했으나 깨끗하게 씻고 나오느라 30분을 늦었다.

여러분은 A와 B를 어떻게 평가하겠는가?
단언컨대 자리를 마련한 주선자에게

"A는 꼬질꼬질하긴 했지만 시간약속은 정말 잘 지키는 신뢰가는 사람인 것 같아."

"B는 시간개념은 없지만 늦었어도 씻고 나오는 매너남인 것 같아"

라며 장점을 들추어 평가하는 사람은 드물 것이다.
아마도

'소개팅에 나오면서.. 아무리 야근을 했어도 그렇지, A는 어쩜 30분을 늦니?'

'소개팅에 나오면서.. 아무리 야근을 했어도 그렇지, B는 어쩜 그 꼴로 나오니?'라 하지 않겠는가?

뿐만 아니라 이는 결과적으로 부정적 인상은 긍정적 인상보다 변화되기가 더 어렵다는 것을 의미한다. 다시 말해 긍정적인 인상은 쉽게 무너지고 실망하기 쉬우나 한 번 박힌 부정적인 인상은 웬만해서는 깨기 힘들고 그것을 바꾸는 데는 더 많은 시간과 노력이 필요하다는 뜻이다.

맥락효과(Context Effect)

어떤 사람이 갖고 있는 장점이나 매력 때문에 성격적인 특성들도 좋게 평가되는 현상을 말한다. 예를 들어 면접에서 인상이 서글서글한 사람은 대인관계를 잘 할 것 같은 기대감을 심어 주고 지적인 분위기의 사람은 지능이 높을 것이라고 생각된다.

다음은 MBC 스페셜에서 방영된 방송분의 일부분이다

위 자료에서 보여지는 것처럼 사람들은 근육질이라는 신체적 장점이나 매력 때문에 전혀 연계성이 없는 성격내지는 개인 특성까지 미루어 짐작하는 경향을 보인다는 것이다.

02 승무원의 이미지메이킹

1 채용에서의 이미지 관리

항공사는 서비스 조직이기 때문에 이미지관리가 중요하며 그 이미지를 구성하고 있는 요소 중 인적 서비스, 그 중에서도 객실 승무원의 이미지가 매우 중요하다고 이미 언급하였다. 많은 연구에서도 객실 승무원의 외적인 용모에 대한 승객의 인식은 항공사 서비스 품질과도 밀접한 관계가 있음을 밝히고 있다.

국내 항공사의 경우 승무원의 이미지 관리를 위한 채용 조건으로 신장 162cm이상에 부드러운 표정, 편안함과 상냥함을 주는 마스크, 특히 신체조건으로 다리 모양을 중요시 하며 여드름이나 상처 자국이 없는 깨끗한 피부의 소유자를 선호한다. 뿐만 아니라, 다단계의 면접을 통해 응시자의 말씨와 걸음걸이, 자세에 이르기까지 승무원으로서 갖추어야 할 이미지를 매우 세심하게 관찰하여 평가하고 있다.

승무원의 이미지 관리는 채용과정으로 끝이 아니다. 현재 국내항공사들은 다단계의 면접과 테스트를 통해 걸러진 신입 승무원들에게 자사의 기업문화와 기업이미지를 각인시키고, 그에 걸맞은 인적 자원으로 재탄생 시키기 위해 12주간의 신입 교육 프로그램을 운영하고 있으며 그 중 52시간 가량을 이미지메이킹, 다시 말해 외적 용모(메이크업, 헤어 스타일, 워킹, 피부관리, 표정, 자세, 유니폼 착용 등) 관리에 할애하고 있다.

2 비행 근무에서의 이미지 관리

처음 신입 훈련을 통해 만들어진 소속 항공사의 이미지는 신입 훈련을 마치고 실제 비행에 투입되어서도 매 비행의 최고참 선배에게 평가를 받음으로써 계속해서 관리된다. 유니폼의 청결상태, 메이크업 완성도, 헤어 손질의 단정함, 기내식

서빙을 위한 근무복(여성은 앞치마)의 청결과 다림질 상태, 손의 청결과 손톱 관리 상태, 액세서리 착용에 이르기 까지 정해진 규정에 의한 평가를 받게 되고 이에 부적합하다고 판단 시 벌점의 징계를 받게 되며 누적된 벌점은 인사고가에 반영된다. 반대로 평가 결과가 훌륭하게 나온 승무원은 상점을 받게 되며 이 역시 인사고가에 반영된다. 평가자인 최상위 기수 승무원은 비행 준비를 위한 브리핑 시부터 비행이 끝나는 시점까지 상세하게 규정 된 세부항목들에 대해 관찰하고 평가하며 비행 근무에 부적절하다고 생각 되어지는 부분에 대해서는 수정을 지시할 수 있도록 하고 있기 때문에 긴 비행 시간에도 불구하고 승무원들은 마지막까지 일관된 서비스 외모를 유지해야 한다.

최상위 기수 승무원은 본인이 평가자인 비행에서는 반드시 해당 비행 승무원의 이미지 체크를 의무로 하고 있으며 일정 횟수 이상의 미평가 · 미보고 발생 시 이미지 관리 총괄 담당자로부터 지적을 받게 된다. 항공사의 승무원 용모, 복장에 관한 지침에 의하면 청결함과 단정함을 기본으로 하되 전체적으로 해당 항공사의 서비스 모토(motto)에 부합됨을 강조하고 있기에 규정 되어진 세부 사항의 준수는 회사 근무의 필수 사항이다. 그러나 승무원들은 일종의 규율로써가 아니라 회사를 대표하는 마음가짐으로 자발적인 관리를 실시해야 하겠다.

MEMO

NOTE

PART 02
승무원 이미지메이킹의 실체

Contents

Chapter 04

승무원의 외적이미지 계발

01 컬러 진단

1 퍼스널 컬러(Personal Color)의 이해

'퍼스널 컬러(Personal color)'는 개개인마다 가장 잘 어울리는 자신만의 색이다. 이왕이면 그 계열의 옷을 입고, 그 컬러로 메이크업을 할 때 보다 아름다워 보인다. 중요한 것은 자신이 개인적으로 좋아하는 컬러와 잘 어울리는 컬러는 다를 수 있다는 점이다. 내 피부는 어떤 타입인지, 내 얼굴을 한층 돋보이게 해줄 컬러는 어떤 것인지를 찾는 일은 이미지메이킹의 중요한 기본 과정이다.

컬러진단은 고유의 피부색을 봄, 여름, 가을, 겨울의 사계절과 접목시킨 이론이다. 20세기초 독일바우하우스 스쿨의 유명한 화가인 요하네스이텐은 맨처음 인간의 피부색을 사계절의 자연색과 접목시키는 것을 시도하여 사람마다 잘 어울리는 옷색깔과 어울리지 않는 색깔이 있다는 것을 깨달았다. 색채 연구 이론에서 보면 사람은 태어날때부터 어울리 는색상 톤이 정해져 있다. 이는 자신에게 어울리는 타고난 컬러를 말한다. 여기서 퍼스널 컬러는 빨강은 어울리고 파랑은 안 어울리는 컬러 라는 개념이 아니라 빨강 중에서도 내게 어울리는 빨강이 무엇인지, 파랑 중에서도 어떤 파랑이 나를 돋보이게 하는가의 의미이다. 다시 말해, 색에는 같은 색이라도 밝은색, 어두운 색, 원색, 중간색등으로 보여지는 색은 톤에 따라 다 달라 보이는 것이다. 예를 들어 토마토의 빨강은 많은 빨간빛을 반사하는 동시에 상당한 양의 주황과 황색 · 녹색, 그외 색을 반사하는 반면 와인의 빨강은 청색과 녹색을 함께 반사한다. 따라서 같은 빨강색이라도 따뜻함을 느끼게 하는 토마토의 빨강과 차가움을 느끼게 하는 와인의 빨강은 다른 것이다.

이렇듯 컬러진단은 색 중에서 자신과 동일한 특징의 색을 찾아내는 피부 진단 과정이다. 피부를 보다 아름답게 보여줄 자신의 계절색을 알면 자신의 인상을 최상으로 올릴 수 있다.

2 퍼스널 컬러(Personal Color) 진단

(1) 컬러 진단의 방법

정확한 진단을 위해서는 물론 전문가에게 의뢰하여 컬러 패브릭드레이핑을 실시하는 것이 정확하겠지만 전문가의 도움 없이도 개인의 컬러 타입을 알아볼 수 있다.

① 신체 색상 체크

신체 색상은 기본적으로 먼저 따뜻한 색과 차가운 색으로 나뉜다. 그리고 나서 다시 채도와 명도에 따라 봄, 여름, 가을, 겨울의 4가지 타입으로 구분한다.

- 피부색 – 태어날 때부터 갖는 고유색으로 색소의 분포에 따라 피부색이 결정된다.
- 모발색 – 멜라닌 색소의 양과 분포에 의해 결정된다.
- 눈동자색 – 홍채 색을 말하며 한국인은 대개 흑갈색을 띈다.
- 두피 색 – 햇빛에 잘 노출되지 않는 뒷머리 두피색을 보는 것이 정확하다.
- 손목안쪽 색 – 자외선을 덜 받아 컬러 진단에 적당하다.

■계절별 신체 부위색상

계절	신체 부위 색상				
	피부색	모발색	눈동자색	두피색	손목안쪽색
봄	노르스름한 피부 매끄럽고 투명하다	노란빛의 갈색 윤기가 나며 가늘다	노란빛의 갈색	노르스름한 색	노르스름한 색
여름	흰빛과 푸른 빛이 감도는 피부, 혹은 복숭아 빛이나 핑크 빛	회색빛의 갈색계열, 가늘고 윤기가 없다	부드러운 갈색	흰 빛	흰 빛
가을	황색, 갈색, 검은 갈색. 윤기 없고 혈색 없는 편이다	짙은 갈색으로 윤기가 없다.	짙은 황갈색 계열	황색 빛	갈색 빛
겨울	푸른빛이 감도는 희고 밝은 피부.차갑고 창백해 보이고 얇고 투명하다.	푸른빛의 짙은 갈 색, 검은색	짙은 회갈색, 검은색	푸른 빛	푸르고 흰 빛

② 자가 진단

평소 입는 옷 또는 천을 다양한 컬러별로 준비한 다음, 메이크업을 하지 않은 상태로 거울 앞에서 하나씩 얼굴과 매치시켜 본다. 자신에게 잘 어울리는 색이 닿으면 얼굴에서 광채가 날뿐만 아니라 혈색이 돌아 건강미가 느껴지고 눈동자도 더욱 선명해 보인다. 대체적으로 다음과 같은 타입 분류가 가능하다.

- 봄 타입 – **아이보리, 연노랑, 오렌지 등 옅고 따뜻한 색이 잘 어울린다.**
- 여름타입 – **핑크와 하늘색 등 옅은 차가운 색이 잘 어울린다.**
- 가을 타입 – **카키, 브라운 등 자연의 색상이 잘 어울린다.**
- 겨울 타입 – **와인 컬러나 블루 등 짙은 차가운 색이 잘 어울린다.**

전문가들은 각 계절별 타입 중에서도 또다시 여러 스타일로 세분화하지만, 가장 기본적인 타입을 아는 것만으로도 컬러 활용에 많은 도움이 된다.

Tip 웜톤, 쿨톤 자가 진단 방법

퍼스널 컬러에서 색에 대한 기본 개념은 같은 계열 색상이라도 다른 온도감각을 가질 수 있다는 개념에서 출발한다. 따라서 사계절 유형으로 나눠지기에 앞서 따뜻한 느낌의 웜 타입(Warm Type)과 차가운 느낌의 쿨 타입(Cool Type)으로 나눌 수 있다. 웜 타입은 봄 타입과 가을 타입으로 구분되어지며, 기본적으로 노란색과 골드 중심의 옐로우 언더 톤으로 우리가 흔히 말해 웜 톤(Warm Torn) 이라고 볼 수 있다. 쿨 타입은 여름 타입과 겨울 타입으로 구분할 수 있고, 기본적으로 파란색과 흰색, 검정 중심의 블루 언더 톤으로 흔히 쿨톤(Cool Tone)이라고 한다.

자신의 피부 톤이 웜톤인지 쿨톤인지만 알아둬도 본인에게 어울리는 메이크업이나 헤어, 복장 선택으로 이미지에 변화를 줄 수 있으므로 아래의 자가 진단법을 통해 알아보도록 하자. 둘 중에 더 많이 해당하는 쪽이 나의 타입이라고 할 수 있다.

쿨톤 VS 웜톤 자가진단법

쿨톤(Cool Tone)	웜 톤(Warm Tone)
□ 햇볕에 장시간 있으면 빨갛게 익는다	□ 햇볕에 장시간 있으면 쉽게 탄다
□ 실버 주얼 리가 잘 어울린다	□ 골드 주얼 리가 잘 어울린다
□ 핑크 계열 립스틱이 더 잘 어울린다	□ 피치, 오렌지 계열 립스틱이 더 잘 어울린다
□ 순백색 티셔츠가 잘 어울린다	□ 아이보리, 베이지색 티셔츠가 잘 어울린다
□ 머리카락, 눈동자 색이 블랙에 가깝다	□ 머리카락, 눈동자색이 브라운에 가깝다
□ 레드, 핑크, 블루 컬러 매니큐어를 바르면 손이 예뻐 보인다	□ 브라운, 오렌지, 그린 컬러 매니큐어를 바르면 손이 예뻐 보인다
□ 피부에 붉은 기가 많다	□ 피부에 노란 기가 많다
□ 평소 친구들한테 '청순하다' 혹은 '시크하다'는 평가를 많이 받는다	□ 평소 친구들한테 '사랑스럽다' 혹은 '섹시하다'는 평가를 많이 받는다

(2) 사계절 특성과 베스트 컬러

① 봄

봄사람의 이미지는 화사하면서도 따뜻하다. 얼굴의 혈색이 좋아서 안색이 밝고 환한 사람이 여기에 속한다. 실제 나이보다 젊어 보이는 스타일로 생동감 있고 활발하며 화사하고 귀엽다는 느낌도 준다. 금속 악세서리가 좋으며 특히 금이 잘 어울린다.

Good – 어울리는 색상은 기본적으로 노란색이 가미된 원색과 중간톤의 베이지색 등이며, 연두색, 산호색, 따뜻한 느낌의 핑크색 등 산뜻하고 밝은 색상이 좋다.

Bad – 봄사람은 차가운 색과 순백색,검정색을 입으면 엄격해 보이며 은색, 회청색, 보라색, 와인색 등 어둡고 탁한 색상도 피하는 게 좋다.

Makeup – 핑크, 오렌지, 옐로 계열의 화사하고 밝은 톤의 아이섀도와 핑크, 오렌지 계열의 립 메이크업과 블러셔를 사용한다.

자료 출처: NCS 학습모듈, 메이크업 이미지 제안(LM1201010313_16v3.1,2)

② 여름

여름 사람의 이미지는 다소 차가우면서도 부드러운 느낌을 겸비한 이지적인 분위기로 다른 사람에게 친근감을 준다. 사계절 이미지 중 가장 좋은 인상을 가진 타입이다. 흔히 '여성스럽다' 거나 '우아하다'라는 표현에 적합하다. 어울리는 악세서리는 은이며 아이보리색 진주도 잘 맞는다.

Good –기본적으로 파란색과 흰색이 포함된 색상이 어울린다. 차가운 느낌을 주는 핑크색 계열과 튀지 않는 파스텔톤이 얼굴을 살려준다. 전체적으로 가라앉은 느낌의 차가운 색을 적절하게 배색하면 맵시 있어 보인다.

Bad – 노란 기미가 있는 금색, 오렌지색, 어두운 색상은 어울리지 않으며, 순백색, 검정색의 무채색은 어색해 보인다.

Makeup– 화사한 분위기의 파스텔 톤 아이섀도와 베이지, 브라운, 핑크로 자연스러운 립 메이크업을 한다. 블러셔는 핑크 계열과 브라운을 사용한다.

자료 출처 : NCS 학습모듈, 메이크업 이미지 제안(LM1201010313_16v3.1,2)

③ 가을

가을 사람은 부드럽고 따뜻한 이미지로 상대방에게 친근감과 편안함을 준다. 보통 '분위기 있다'라는 얘기를 듣는다면 이 타입에 속한다. 금이나 동으로 된 악세서리가 어울리며 이 외에 나무, 상아, 가죽 등의 소재도 무난하다.

Good - **가을색은 모든 색에 노랑과 검정을 섞은 색으로 따뜻한 느낌을 주는 자연의 색상인 베이지, 카키, 올리브, 그린 , 오렌지 등과 갈색 계열이 가장 잘 어울린다.**

Bad - **순백색과 검정색을 입으면 초라하게 보인다. 또한 차가운 톤의 푸른색은 피해야 하며 와인색, 보라색, 회색톤도 어울리지 않는다.**

Makeup - **아이섀도는 오렌지, 그린, 브라운을 주된 색으로 하며 립스틱은 브라운이 가미된 중간색이나 짙은 색으로 입매를 또렷하게 표현한다. 블러셔 색상은 자연스러운 오렌지, 브라운, 피치가 적당하다.**

자료 출처 : NCS 학습모듈, 메이크업 이미지 제안(LM1201010313_16v3.1,2)

④ 겨울

겨울 사람의 이미지는 강렬하고 도시적이다. 개성적이며 시원스럽고 간혹 '섹시하다' 는 얘기도 듣는다. 그 만큼 눈에 띄기 쉬운 스타일이다. 가장 추천할 만한 악세서리 소재는 다이아몬드이며 이 밖에 은색과 주석, 진주도 잘 어울린다.

Good - **기본적으로 푸른색이 들어간 색상, 순백색과 검정색이 가장 잘 어울린다. 강렬하게 대비되는 색상도 좋은 아이템이다.**

Bad - **유난히 탁한 색조와 노란빛이 도는 색은 금물이다. 따뜻한 원색, 희미하고 탁한 색은 어울리지 않는다.**

Makeup - **대비가 강한 톤으로 블루 계열, 와인, 실버, 그레이로 섀도를 하고,레드 계열의 립스틱으로 강조하는 것이 효과적이다. 핑크 계열의 블러셔로 자연스럽게 혈색을 표현한다.**

자료 출처: NCS 학습모듈, 메이크업 이미지 제안(LM1201010313_16v3.1,2)

MEMO

쉬어가는 페이지

아하~ 그렇군요!

색깔다이어트

푸른색으로 인테리어된 음식점에 가본 일이 있는가? 패스트푸드의 대명사 '맥도날드'는 왜 인테리어나 로고의 색들을 붉은색, 주황색, 노란색들을 사용했을까? 그 이유는 바로 컬러에 사람의 입맛을 좌우하는 효과가 있기 때문이다. 음식의 색뿐만 아니라 식탁보, 그릇, 벽지 등 우리가 눈으로 보는 모든 것들을 식욕과 관련된 색으로 바꾸면 식욕이 억제될 수도 있고 촉진될 수도 있다. 그렇다면 어떤 색이 식욕을 억제해서 다이어트에 효과가 있을까?

식욕을 억제하는 색

■ 파란색

시원한 바다가 생각나는 파란색은 감정을 가라앉히는 역할을 한다. 하지만 음식의 색이 푸를 경우 상큼한 맛과 함께 쓴맛도 느끼게 하여 식욕을 감퇴시키고 음식이 맛없게 보이도록 해준다. 그래서 식욕을 억제시켜주는 색으로 자주 쓰인다.

■ 보라색

신비롭고 독특한 느낌의 보라색도 역시 식욕을 억제해주는 대표적인 색깔. 포도의 달콤함이 떠오르기보다는 쓴맛과 동시에 음식이 상한 느낌을 준다.

■ 녹색

녹색 하면 떠오르는 것은 신선한 야채나 과일. 하지만 음식의 색으로 보면 녹색 계통도 식욕을 떨어뜨리는 효과가 있다. 특히 짙은 녹색은 밝은 녹색에 비해 쓴맛을 느끼게 하기 때문에 더 효과적인 편이다. 밝은 녹색은 상큼한 맛을 느끼게 한다. 두 계열을 적절히 이용하면 상큼하면서도 씁쓰레한 맛을 느낄 수 있게 될 것이다.

■ 검정색

최근에는 웰빙 바람 때문에 검정색 식품이 인기가 있지만 검정색은 원래 쓴맛과 부패한 느낌을 주는 색이라 식욕 억제에 도움을 준다. 그리고 음식의 맛을 제대로 느낄 수가 없게 만들어서 다이어트에 좋다.

02 메이크업 이미지

1 피부관리

인간의 피부가 가장 아름다운 시기는 17세~18세, 18세부터 눈에 보이지 않는 노화가 시작, 25세부터는 눈에 보이는 노화가 서서히 시작되며 30세부터 급격히 노화가 진전된다. 여기서 노화란 피부가 나이가 들면서 제 기능을 발휘하지 못하면서 일어나는 여러 가지 현상을 의미한다. 다시 말해 18세부터 피부의 건강을 서서히 잃는다고 생각할 수 있다. 손질을 잘 하면 깨끗하고 아름다운 피부가 유지되지만, 손질을 게을리하면 각질이 쌓이면서 거칠고 지저분해지는 것은 당연지사이다. 피부 관리를 하기 위한 첫 번째 단계는 피부타입을 분석하는 것에서 시작한다.

(1) 피부타입 분석

피부 타입은 피부의 유 · 수분 상태에 따라 건성 · 지성 · 중성 피부로 나뉜다. 건성피부는 수분이 10%이하이며, 중성피부는 수분이 10~15% 정도이고, 지성피부는 20%이하 라고 볼 수 있다.

MEMO

■ 유 · 수분 상태에 따른 피부타입 분류

종류	특성	관리방법
건성 피부	피부 표면이 항상 건조하며 윤기가 없다. 세안 후 손질을 하지 않으면 피부가 심하게 당기고 피부가 얇으며 외관상으로는 피부결이 섬세해 보이나, 모공이 작아 파운데이션이 잘 받지 않고 발라도 잘 뜬다. 표정에 따라 잔주름이 쉽게 생기며 피부의 노화현상이 급격히 나타나 늘어짐과 주름살이 일찍 생긴다. 또한 피부 저항력이 약해 조그만 상처에도 쉽게 아물지 않으며 크림류를 사용했을 때 곧바로 스며든다.	• 마사지를 자주 하여 피지분비를 원활히 하고 혈액순환 및 신진대사에 좋은 영향을 끼치게 한다. • 세안은 미지근한 물로 하되 찬물로 헹군다. • 영양과 보습에 역점을 두고 에센스나 오일을 사용한다. • 장시간의 사우나는 좋지 않다. • 무알콜의 토너, 유분기가 많은 메이크업 제품류를 사용한다.
지성 피부	피지막이 두꺼워져 있어 피지 분비가 과다하고 피부 표면이 번들거리며 피부가 거칠고 특히 모공이 확대되어 있다. 따라서 외관상 피부가 지저분해 보이기도 하며 메이크업이 잘 받지 않고 쉽게 지워진다. 여드름이 잘 생기고 콧망울 주위가 번들거리며, 모세혈관 확장을 동반하기도 한다. 비교적 다른 피부에 비해 노화가 더디게 온다.	• 피부청결 및 피지제거를 위해 딥클렌징과 이중세안을 한다. • 물의 온도는 38℃ 정도로 약간 뜨겁게 하여 피지를 녹여내고 브러쉬나 거즈, 수건 등으로 닦아낸다. • 지방과 당분이 다량 함유된 식품은 피하며 오일, 유분이 많이 함유된 크림이나 마스크류의 사용을 삼간다. • 알코올함유 토너를 사용한다.
중성 피부	햇빛에 쉽게 타는 편이며 보편적인 동양인의 피부색을 띈다. T존 부위에 가끔씩 여드름이 나고, 다른 부위보다 T존의 모공이 넓은 편이다. 피부 밸런스가 겨울에는 건성피부의 경향을, 여름에는 지성피부의 경향을 띈다.	• 계절에 따라 관리제품 사용과 방법에 유연성을 갖는 것이 중요하다. • 겨울에는 건성피부의 관리를, 여름에는 지성피부의 관리가 필요하다.
민감성 피부	피부 타입 가운데 하나로만 받아 들여져 왔지만, 피부 현상이라는 것이 더 정확한 표현이다. 온도, 습도 등의 환경적인 변화나 이물질의 자극으로 인해 쉽게 민감한 반응을 일으키는 피부가 해당된다.	• 피부에 자극이 적은 기초 케어를 생활화한다. • 녹황색 채소, 감, 귤 등에 많이 함유되어 있는 비타민 B군은 피부 저항력을 향상시키므로 필수적이다. • 브러시나 스펀지 등 화장도구 청결 상태를 늘 점검한다.
복합성	얼굴의 부위에 따라 두 가지 이상의 피부성질이 나타난다.	• 유분이 많은 T존 부위는 청결에 주의하고 수분이 부족한 U존은 보습이 필요하다.

■ 문제성 피부

문제성 피부로는 여드름, 기미 · 주근깨, 다크써클 등이 있다.

종류	특성	관리방법
여드름 피부	피지가 과다하게 분비되나 배출이 원활하지 못해 쌓이는 것이 그 원인이며, 사춘기 때에는 성호르몬이 활발하게 작용해 피지 분비가 왕성해져 여드름이 생기기 쉽다. 성인의 경우 스트레스, 불규칙한 식사, 음주, 흡연 등으로 인한 신체 호르몬 불균형으로 생기기고 한다.	• 아침 · 저녁으로 세안용 클렌징 폼 등을 사용해 세안한다. • 수시로 기름 종이를 사용해 과잉 피지를 제거한다. • 오일프리 제품으로 수분공급을 해준다. • 일주일에 1~2회 온습포로 모공을 열고 스크럽이나 pill -off 타입의 팩 등으로 모공 속 노폐물을 제거한다.
기미 · 주근깨	후천적으로 피부에 멜라닌 색소가 과다하게 침착되는 현상이다. 눈가와 광대뼈주위를 중심으로 얼굴 전체에 잡티가 넓게 분포되어 있으며 칙칙한 피부의 원인은 각질, 수분부족, 자외선이다. 흰 피부, 일광에 약한 피부에 주로 나타난다.	• 장시간의 자외선 노출 후에는 미백 케어를 한다. • 자외선 차단제 사용을 습관화해야 한다. • 자외선에 강한 저항을 갖는 비티민C의 섭취에 신경을 쓰며 피부혈관에 좋지 않은 사우나는 가급적 피한다. • 간 기능이 안 좋으면 색소 침착이 되기 쉬운 몸 상태가 되므로 피로, 과음, 과식에 주의한다.

(2) 클렌징(Cleansing)

스킨케어의 기본은 씻는 것, 즉 피부 청결부터 시작된다.

메이크업 및 피지, 먼지 등을 완벽하게 제거하는 일은 피부 윤기를 위해 절대적으로 필요하다.

세안은 다음과 같은 역할을 한다.

- **청결과 위생** : 땀과 기름기, 대기중의 먼지와 공해, 메이크업 잔여물 등을 제거하는 것이다.
- **기분전환** : 사람은 깨끗함을 느낄 때 정서적으로 편안함을 가져온다.
- **혈액순환** : 세안 이나 클린싱은 문지르기나 비비기 동작을 통하여 피부의 자극을 받아 혈액순환을 원활하게 만들어 준다.
- **피부의 컨디셔닝** : 세안제에는 좋은 성분들이 들어 있으므로 세정효과 뿐만 아니라 표 피에 수분과 영향을 주어 외부환경에 방어하게 만들어 준다.

• **트리트먼트 준비 단계** : 노폐물이 많은 피부에 아무리 좋은 영양제품을 발라도 효과를 기대할 수 없다.

기본적인 세안의 순서는 다음과 같다.

1단계 : 미지근한 물을 얼굴 전체에 서너 번 뿌려준다.

그래야 거품이 잘 일어나 깨끗하게 세안할 수 있다.

뜨거운 물 : 모공 (땀구멍)확장 - 지나친 피지제거, 노화를 촉진시킨다.

찬물 : 모공 수축 - 먼지가 고여 노폐물을 제거하기 어렵다.

2단계 : 손에서 거품을 충분히 만든다.

비누 등 클린저를 직접 얼굴에 문지르면 얼굴에서 거품을 일으키는 마찰로 인해 피부가 손상된다.

3 단계 : 클린징 시 손동작은 중앙에서 바깥쪽으로 근육 결을 따라 손가락의 힘을 균등하게 준다.

클린징 시 손가락 방향은 안쪽에서 바깥쪽을 향하는 것이 좋다. 우리는 일생동안 헤아릴 수 없을 만큼 많은 세안과 화장품을 바른다. 한 번 들인 좋은 습관이 피부관리에 커다란 힘을 발휘한다는 것을 명심하고, 이제까지 몰라서 마구 문질렀다면 오늘부터 바로 시작해 보도록 하자.

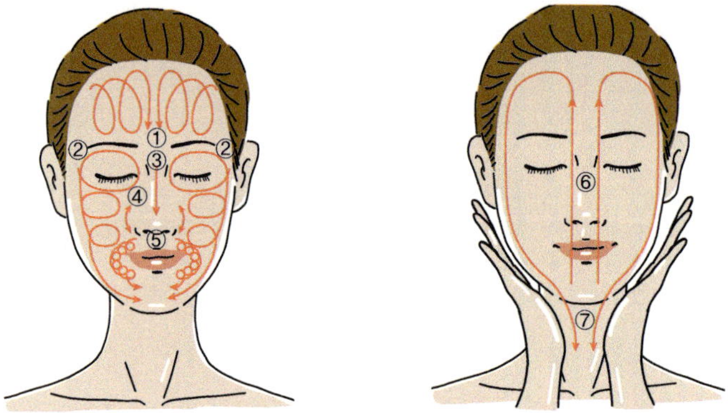

[그림 2] 클린징 시 손동작

4단계 : 흐르는 물을 적어도 스무번쯤 끼얹어 충분히 헹군다.

비누기가 피부에 남아 있으면 피부트러블의 원인이 되므로 오랜 시간 바르고 있거나 세게 문지르면 피부트러블이 일어나기 쉬우므로 조심해야 한다.

특히 머리카락이 나기 시작하는 부위나 턱, 목의 경계선 그리고 콧망울이 움푹 패인 곳처럼 비누기가 남기 쉬운 부분을 중점적으로 헹구어 준다.

Tip 세안 시 물의 온도

퍼세안할 때의 물 온도도 중요한데, 찬물은 피부의 피지가 풀리지 않고 피부를 긴장시키며 세안제도 용해되지 않는다. 그런가 하면 섭씨 40도가 넘는 뜨거운 물은 탈지력이 강해 피부가 당기고 거칠어지게 한다. 세안수 온도는 35도 내외로 체온 정도의 온도가 가장 이상적이다.

클린징제를 선택할 땐 그날의 메이크업의 정도와 피부 타입을 고려해서 선택한다.

메이크업을 두껍게 많이 한 경우엔 클린싱력이 높은 크림 타입을 택하고 기본적인 간단한 화장을 한 날엔 로션이나 워터 타입을 선택하도록 한다.

또한 피부 타입에 따라 건조한 피부에는 유분이 많은 크림타입을 택하고 반면 지성피부라면 워터나 젤타입의 산뜻한 클린징류를 선택한다.

유성 세안제 : 클린징 오일, 크림, 밀크, 젤 등

수성 세안제 : 폼 클린징, 미용비누, 스크럽, 필링제 등

의류에도 소재에 따라 세제를 바꾸듯이 피부 타입에 따라 알맞은 클렌싱제를 선택하여 사용해야 한다.

■클렌저의 종류

종류	특성 및 사용방법
클렌징 워터	시원하고 라이트한 느낌이라 젊은 층에서 선호하며 여드름이 있거나 지성피부 그리고 화장정도가 가벼운 경우에 사용하는 것이 좋다. 화장솜에 클렌징 워터를 충분히 적셔 볼 – 이마 – 턱 – 콧등 순서로 피부 결에 따라 지워주면 된다.
클렌징 젤	중성피부나 화장정도가 보통일 경우에 사용하며 클렌징 워터보다는 세정 효과가 좋으면서도 리치한 느낌이 없어 일반적으로 사용하기에 가장 무난하다. 1 –2회를 펌프하여 얼굴에 고르게 펴 발라 가볍게 마사지하고 미지근한 물로 씻어내도록 한다. 물로 세안하기 전에 티슈로 살짝 닦아주면 쉽게 제거된다.
클렌징 크림	콜드 크림(이 명칭은 이런 제품이 피부를 냉각시켜주는 효과가 있는 것에서 유래)을 보완하여 피부의 때, 피지, 각질 및 메이크업 등을 씻어내 는 작용을 강화시킨 것이다 중성, 건성피부를 가진 사람이나 화장이 다소 진할 때 사용하며 부드러운 감촉에 마사지 효과를 동시에 가질 수 있다는 장점이 있으나 단, 모공이 오히려 막힐 수 있으니 10분을 넘기지 않도록 유의한다.
클렌징 로션	물과 유화제 그리고 오일 이 세 가지가 주성분으로써 물은 분비물이나 수용성 물질을 제거하고 오일 성분은 대부분의 지성 먼지를 제거한다. 헹구어 내는 방법도 간편할 뿐더러 사용감이 산뜻하며 쉽게 퍼지는 장점이 있지만 세정력은 클렌징 크림보다 약하다. 민감성 피부와 건성피부에 알맞다.
클렌징 오일	기름과 왁스의 혼합물로서 투명하며 수분이 들어있지 않다. 적당량을 손에 덜어 놓고 손바닥에 물을 묻혀 살살 비벼 주면 액화되면서 세정효과를 낸다. 주로 건성피부에 사용되지만 지성피부의 기름기 제거에도 효과적이다.
페이셜스 크럽	작은 알갱이가 포함된 클렌징 폼으로 모공 속 깊은 곳의 노폐물을 제거해 주며 각질 제거효과가 탁월하다. 건성피부는 주 1회 , 지성피부는 주 2~3회 사용이 적당하다.

쉬어가는 페이지

아하~ 그렇군요!

여드름 부위별 원인과 예방법

① 볼에 난 여드름

손으로 자주 만져 자극이 가서 혹은 잘못된 화장품 사용으로 인해 나타나거나 간, 호흡기 질환으로 생기는 경우이다. 볼에 여드름이 자주 나는 경우라면 호흡기 건강에 신경을 써야 하며 물을 자주 마시고 몸의 열을 낮추거나 차가운 음식을 많이 먹으면 도움이 된다.

② 이마에 난 여드름

이마의 여드름은 주로 땀과 피지분비에 의해 생겨나거나 앞머리로 인해 이마 피부에 자극을 받거나 헤어 제품이 원인이 될 수가 있다. 건강상의 이유로는 소화기관에 이상이 있어 생겨날 수 있으므로 평소 가공식품과 기름진 음식을 줄이고 물을 많이 마셔주는 것이 좋다.

③ 턱에 난 여드름

턱 주위에 나는 여드름은 여성의 경우, 생리 전 후 호르몬 영향으로 생겨날 수 있으므로 하체를 따뜻하게 유지하여 혈액순환이 잘 되게 하는 것이 도움이 된다. 남성의 경우에는 면도로 인한 피부 마찰로 생기는 것일 수도 있으니 면도기 청결상태를 깨끗하게 유지하고 평소 손으로 턱을 자주 만지지 않도록 하는 것이 좋다. 그 외 턱에 여드름이 자주 난다면 독소를 줄이고 섬유질이 풍부한 음식을 섭취해주는 것이 도움이 된다.

(3) 기초 스킨 케어 제품

기초 스킨케어 제품들의 기능은 다음과 같다.

- 피부를 청결하게 한다.
- 바람, 공해, 자외선 등 외부환경으로부터 피부를 보호한다.
- 인공 피지막을 형성하여 피지막을 보충한다
- 피부에 영양과 보습을 공급한다.

① 유연 화장수

일반적으로 스킨이라고 불리어 지며 피부 결 정돈, 피부의 PH 발란스를 맞추어 준다.
우리 피부는 PH(수소 이온 농도) 4.5~6.5 사이,즉 약 산성일 때 외부의 미생물 침입으로부터 피부를 보호하는 가장 안정적이고 이상적인 상태라고 한다.
그러나 비누로 세안을 하고 나면 피부는 외부 먼지, 세균으로부터의 오염, 침입이 쉬워 약간 불안정된 상태인 약 알칼리성을 띄게 된다.
물론 건강한 피부일 경우 보통 2시간 이내면 다시 본연의 약산성을 띄게 되지만 화장수는 신속하게 PH 발란스를 유지시켜 준다는 점에서 그 기능을 찾을 수 있다. 피부결을 따라 세심하게 화장솜을 이용해 닦아내는 식으로 꼼꼼하게 발라준다.

② 아이크림

눈가피부는 얼굴에서도 가장 얇고 섬세한 조직으로서 피지선과 한선이 거의 없어 천연 피지막 형성이 잘 되지 않는 매우 예민한 조직이기 때문에 다른 조직보다 노화가 빨리 오기도 한다. 아이크림은 주름을 방지하고 완화하는 목적이 있기 때문에 꾸준히 규칙적으로 바르는 것이 중요하고 바를 때 올바른 방법으로 발라야 효과가 있다. 또한,다른 제품에 비해 민감한 눈 조직을 위한 제품이기 때문에 특히 민감한 사람은 가벼운 젤타입의 무색, 무향, 무알콜의 제품을 선택하는 것이 좋다.

③ 에센스

피부의 보약이라고도 불리우며 수분과 영양 공급의 역할을 톡톡히 하는 필수 아이템이다.
에센스는 비타민, 콜라겐, 엘라스틴 등 피부영양 성분을 고농축화 한 기능성 성분과 농축 정도에 따라 여러 종류가 있으며. 수분공급을 위주로 하는 일반 에센스에서, 세럼, 재생이나 특수의 임무를 띠는 앰플까지 그 종류와 기능이 다양하다.

에센스를 바를 때는 자신의 피부와 맞는 알맞은 용도를 선택한다. 일반 에센스(세럼)종류는 매일 아침,저녁으로 바르지만 특수한 앰플의 종류는 일정기간 동안 정해진 양을 발라야 하기 때문에 사용법을 잘 알아야 한다. 특히 특수한 앰플의 경우 지나치게 많이 바르거나 오랜 기간 사용하면 오히려 피부 트러블을 유발할 수 있다. 메이크업 및 피지, 먼지 등을 완벽하게 제거하는 일은 피부 윤기를 위해 절대적으로 필요하다.

Tip 에센스로 집에서도 할 수 있는 스페셜케어

피부가 몹시 거칠고 탄력이 없고 윤기가 없을 때 일주일에 1~2회 정도 에센스와 나이트크림을 이용하여 마스크를 하거나 마사지를 하여 탄력 있고 생기 넘치는 피부로 가꾸어 보자.

1단계 : 스팀타월로 혈액순환 촉진 세안 후 너무 뜨겁지 않은 스팀타월로 피부의 혈액순환을 촉진시킨다.

2단계 : 랩을 씌우고 스팀타울로 찜질. 에센스와 나이트크림을 3:1의 비율로 섞어 얼굴에 듬뿍 바르고 눈, 코, 입을 제외한 부위에 랩을 씌운 후 그 위에 스팀타월로 찜질한다. 약 3분정도 피부결에 맞춰 리듬감 있게 마사지 한다. 마사지 순서는 얼굴결에 따라 얼굴중앙에서 바깥쪽으로 하는데 아래에서 위로 목 ➜ 턱 ➜ 코주위 ➜ 양볼 ➜ 눈주위 ➜ 이마 순이다.

3단계 : 랩을 제거하고 가볍게 패딩. 15~30분이 지난 후 랩을 제거하고, 마사지를 마친 후 화장수를 적신 화장솜으로 닦아낸다. 그 후 찬물로 얼굴전체를 패팅하여 피부에 탄력을 더해준다.

④ 로션

영양화장수라고도 불리우는 로션은 말 그대로 피부를 부드럽고 촉촉하게 만들어주는 역할을 한다. 피부의 수분과유분의 밸런스를 맞춰주면서 수분 보호막을 만들어 주기 때문에 영양크림을 쓰기엔 피지량이 많은 틴 에이저, 지성피부를 지닌 여성, 특히 무더울 때의 아침에는 크림보다 유분 함량이 적은 밀크 로션을 사용하는 것이 좋다. 보통의 피부는 아침에 영양크림 대용으로, 건조한 피부는 로션을 바르고 영양크림을 바르기도 한다.

⑤ 영양크림

영양크림은 피부의 수분 증발을 막아주고 외부의 세균 침입으로부터 보호하는 중요한 기능을 하는 피지막의 역할을 담당해서 인공 피지막이라고도 불린다. 다시 말해 피부에 충분한 영양공급과 천연 보습 인자를 대신하는 역할을 하므로 건성피부에는 필수아이템이지만 피부에 좋다고 하여 무조건 사용양을 많이 하는 것이 아니라 피부에 완전히 흡수될 수 있는 적당한 양 (대략 붉은 콩 한 알 정도)을 고루 펴 바른다. 크림은 어느 정도 피부에 흡수되고 나면 남은 여분은 그대로 피부에 남아 번들거림을 가져다 주기 때문에 얼굴에 얇게 펴질 정도의 양을 사용한다.

Tip 기초화장품 바르는 순서

- Day : 스킨 – 아이크림 – 에센스 – 로션(건조한 피부는 영양크림 – 데이 크림) – 자외선 차단크림
- Night : 클렌징 – 스킨 – 아이크림 – 에센스 – 영양크림(나이트크림)

(4) 기초 피부관리

승무원 면접을 대비해 건강하고 자연스러운 메이크업을 위해서 가장 중요한 단계는 스킨케어이다. 피부를 최적의 상태로 만들어 놓고 메이크업을 하면 과정뿐 아니라 완성도도 확연히 달라지기 때문이다. 따라서 면접 메이크업 시에도 메이크업을 시작하기 전에 각질을 제거하고 마스크 시트를 붙여 휴식을 취하게 하는 동시에 피부에 영양을 공급해 주는 스킨케어 단계에 큰 비중을 두어야 한다.

① 마사지(Massage)

마사지는 손의 동작에 의해 피부의 신진대사와 혈액순환을 활달하게 하는 것이다. 또한 피부온도가 높아지면서 모공이 열리게 되므로 모공속의 오래된 피지나 노폐물, 노화된 각질세포를 제거하여 청결한 피부로 만들어 주고 피부를 유연하게 하여 피부 거칠어짐을 방지해 준다. 가벼운 피부운동을 통해 피부노화를 방지하여 건강하고 탄력있는 피부를 만드는 일종의 스페셜케어의 일종이다.

마사지의 효과를 살펴보면,

- **혈액 순환과 세포 기능 – 피부 노화의 잔주름 방지**
- **피부 세포에 영양 공급과 산소 공급 촉진**
- **얼굴 근육의 피로 회복 – 퇴화 방지**
- **노화 현상 방지 – 이상적인 얼굴형 유지**

마사지할 때 유의할 점은 다음과 같다.

- 마사지 크림의 양은 충분량(3~5듣 정도)을 사용한다.
- 마사지는 중지, 약지를 이용하는 것이 효과적이며 볼, 목부위는 손바닥 전체를 최대한 활용한다.
- 제거시 티슈나 화장솜으로 누르듯이 가볍게 제거하여 자극을 주지 않도록 하며 화장수를 솜에 적셔서 다시 한번 깨끗이 닦아낸다.
- 마사지 시간은 5~7분 정도가 가장 적당하다.
- 피부결과 마사지효과 등을 감안하여 순서대로 해 준다. (심장에서 먼 곳부터)
- 마사지의 횟수는 일주일에 2~3회 정도가 가장 이상적이다.

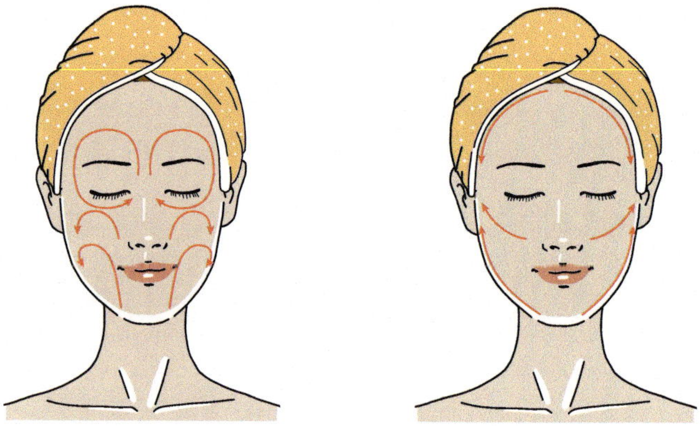

[그림 3] 마사지 손놀림

Tip 마사지를 피해야 할 경우

- 여드름이 진행중이거나 피부염이 있는 경우
- 일소 직후의 피부 또는 출산 직후의 피부
- 피부알레르기성 피부
- 성형수술후 15일이 경과되지 않은 사람

쉬어가는 페이지

아하~ 그렇군요!

얼굴색과 질병

얼굴에 대한 관심은 여성들의 변하지 않는 테마이다. 하지만 얼굴의 피부변화를 단순히 피부과적인 문제라고 덮어 버리는 것은 금물이다. 왜냐하면 얼굴에서 일어나는 트러블은 내부 장기 상태의 변화를 알려주는 신호가 될 수 있기 때문이다.

■ 누렇게 뜬 얼굴 – 소화기관 이상

소화기관이 약할 경우 얼굴색이 누렇게 되는 경우가 많다.
술, 담배를 자제하고 규칙적인 식사와 운동, 정신적으로 편안한 분위기를 조성한다
쑥팩(약쑥가루 2t스푼, 계란 흰자 1개, 레몬즙 2t스푼)

■ 거무스레한 얼굴 – 신장 이상

피부에 어두운 빛이 많이 돈다면 신장의 이상을 의심해 봐야 한다.
충분한 휴식과 수면이 필요하다.
바나나팩(바나나 1/2개, 꿀 1t스푼, 밀가루 1t스푼)

■ 창백한 얼굴 – 폐기능 이상

윤기와 혈색이 없는 창백한 피부톤이라면 폐에 이상이 있을 수 있다.
폐에 기운을 불어 넣어 주는 뽕잎차를 마신다.
살구씨팩(살구씨 가루 1t스푼, 계란 노른자 1개, 꿀 1t스푼)

■ 검고 푸르스름한 얼굴 – 간기능 이상

간이 피로에 지쳐서 고여 있는 혈액인 어혈이 뭉쳐 피부를 검게 만든다.
파뿌리 달인 물, 산딸기, 모과, 부추, 자두 등이 좋다.
사과팩(사과 간 것 2큰술, 요구르트 1큰술, 밀가루 1큰술)

■ 붉은 얼굴 – 심장기능 이상

얼굴색이 붉은 것은 주로 심장에 열이 있을 때 많이 나타나는 현상이다.
심장 질환에 좋은 녹차, 수수, 냉이, 씀바귀, 도라지, 상추 등을 자주 먹는다
구기자팩(구기자 가루 1큰술, 살구씨 가루 1큰술, 꿀 1큰술, 물 1큰술)

■ 다크서클 – 간, 위기능 이상

몸의 순환이 제대로 되지 않거나 간이나 위가 좋지 않을 때도 생긴다.
포도, 딸기, 상추를 섭취한다.

② 팩(Pack)

팩은 Package – " 포장한다, 감싼다 "라는 뜻을 가지고 있으며 마스크(mask)라는 용어를 사용하기도 한다.

팩을 규칙적으로 행하면 칙칙하고 거친 피부를 맑고 부드럽게 만들 수 있다. 구체적인 팩의 효과는 다음과 같다.

- 얼굴을 감싸 죽은 각질과 모공 속 노폐물을 제거한다.
- 피부의 기능을 활발하게 하여 혈액순환과 신진대사를 좋게 한다.
- 팩제의 미용성분을 흡수하여 피부에 탄력을 준다.
- 외부 공기와 차단하여 피부표면의 수분증발을 막아 매끄러운 피부로 만들어준다.
- 팩제가 마르는 동안 휴식을 취하여 정신적, 육체적 피로를 풀어준다.

부작용 없이 최상의 효과를 얻기 위한 방법을 알아보면,

- 팩을 하기 전 클렌징으로 깨끗한 피부 상태에서 행할 것!
- 마사지로 혈행을 촉진 시킨 후 행하면 훨씬 효과가 크다.
- 온타올을 이용하여 피부를 따뜻하게 한 후 팩을 한다.
- 팩을 행하기 전에는 화장수로 피부 결을 정리한다.
- 팩제는 온도가 낮은 부위부터 높은 부위순서로 발라준다. (양 볼 → 턱 → 코 → 이마)
- 팩제를 제거할 때는 위 → 아래로 제거해준다.
- 팩 제거 후에는 냉타올로 모공을 조여준다.
- 깨끗한 피부 상태에서 기초정리 (화장수 → 아이크림 → 에센스 → 영양크림)로 마무리 한다.

팩은 규칙적이면서, 피부타입에 맞게 행하면 피부나이를 단축시킬 수 있다.

팩을 하기 위해 알아두어야 할 점은 다음과 같다.

- 보통 피부는 일주일에 2~3회, 건성피부는 일주일에 1~2회에 실시한다.
- 팩이 마르는 시간은 15~20분 정도.
- 표정을 바꾸거나 말을 하지 말자. 잔주름의 원인이 된다.
- 팩은 목욕 후나 취침 전, 휴일등의 시간적으로 여유가 있을 때 하도록 한다.
- 팩 제거 후 바로 메이크업은 금하며, 최소 1시간 정도 지난 후에 하도록 한다.

팩을 좀더 효과적으로 사용하기 위해서는 사용할 때의 피부상태를 잘 관찰하여 팩제를 선택하여야 한다. 피부 상태가 당기고 건조할 경우에는 영양팩을 하도록 하고 각질이나 피지 등 더러움을 제거하고 싶을 때는 머드팩 등 청결팩을 선택하도록 한다.

■ 제거 방법에 따른 팩의 분류

종류	제거 방법 및 특성
워시 오프 (wash –off) type	**물 세안으로 팩제를 제거하는 타입** 피부자극이 적어 모든 피부타입에 적당하며 특히 피부 자극을 최소화 해야 하는 민감한 피부의 경우 이 타입을 권할 수 있다. 팩제를 바르고 15 –20분 경과 후 미지근한 물로 씻어내고 찬물로 마무리한다. 천연팩의 경우 대부분이 워시 오프 타입이다.
필 오프 (peel –off) type	**팩을 바르고 마른 후 팩 위에서 아래로 떼어내는 타입** 적당한 긴장감으로 탄력이 없는 피부, 피지분비가 왕성한 지성피부에게 적당하다. 특히 피부가 칙칙할 경우 효과가 뛰어나며 적당한 자극과 긴장감을 주기 때문에 여름철에 많이 사용한다. 청결팩, 화이트닝팩 종류에서 많이 볼 수 있는 타입.
티슈 오프 (tissue –off) type	**팩제가 어느 정도 마른 후 티슈나 화장수로 닦아내는 타입** 사용감이 간편하며 보습과 영양 효과를 주는데 효과적이나 청결감이 다소 떨어진다. 주로 수분 팩이나 탄력 팩제에 흔히 볼 수 있는 타입으로 부드러운 느낌과 자극이 적은 느낌을 원하는 피부에 좋다.
시트 (sheet) type	**눈 , 코 , 입이 뚫어져 있는 얇은 시트를 붙이는 타입** 시트에 팩의 내용물이 묻혀 있어 붙이고 나서 시간이 경과 후 떼어내면 되기 때문에 민감한 피부에 적당하다. 자극이 전혀 없는 간편한 사용감으로 주로 수딩, 진정, 보습팩에 많이 볼 수 있는 타입.

■ 집에서 쉽게 할 수 있는 스킨 케어

각질제거에는 흑설탕 마사지

겨울피부에 수분이 없어 각질이 많이 생기는 계절이다. 각질 제거에는 흑설탕이 효과적이다. 화장을 지울 때 폼 클린저에 흑설탕을 섞어 얼굴에 살살 문지르며 마사지하듯 펴 바른 후 깨끗이 씻어내면 각질이 말끔히 없어진다.

뾰루지를 싹 가라앉혀주는 쌀뜨물

쌀을 씻은 후 쌀뜨물을 받아 2~3시간 놓아두면 앙금이 생긴다. 이 앙금에 레몬즙과 밀가루를 조금 넣어 팩을 하면 피부가 아주 부드러워진다. 얼굴에 뾰루지가 났을 때는 미지근한 물에 굵은 소금을 약간 풀어 헹궈주면 소금이 소독 작용을 해주기 때문에 뾰루지가 감쪽같이 가라앉는다.

잡티 없애주는 다시마 냉팩

잡티로 고생하는 사람들에게는 다시마가 효과적이다. 세안한 얼굴에 다시마가루를 고루 펴바른 후 가제를 덮고 다시 한 번 덧발라 40분 정도 지나 꾸덕꾸덕 마르면 가제를 떼어내고 온타월, 냉타월로 번갈아 가며 닦아낸다. 섬유질이 풍부한 다시마가 피부 점막을 자극하고 피지 분비를 억제시켜 잡티를 없애준다.

피부관리 해결사! 레몬스킨

비타민 C가 듬뿍 들어 있는 레몬은 특히 여성들에게 좋은 과일이다. 레몬 한두 개를 깨끗하게 씻은 다음 0.5cm 크기 정도로 썰어 청주나 소주병에 넣고 일주일 동안 어두운 곳에서 보관, 시간이 지나면 꺼내 기름종이에 거르고, 다시 깨끗한 병에 옮겨 담아 냉장고에 보관하면 된다.

넓어진 모공과 블랙헤드에는 달걀 흰자 팩

달걀을 흰자와 노른자를 분리해 흰자만 따로 그릇에 담아 거품을 낸다. 이때 달걀 흰자만 사용해도 좋지만 꿀을 섞어주면 더욱 효과가 좋다. 흰자의 거품이 단단하게 만들어질 때까지 저어준다. 거품이 단단하지 않으면 흘러내리니 단단하게 만드는 것이 좋다. 흰자팩을 얼굴에 바르고 10–15분 정도 후 팩이 약간 마르면 깨끗하게 세안한다. 달걀 흰자는 피부 깊숙한 곳의 피지를 세정하고 흡착하는 기능이 있어 지성피부, 모공관리, 블랙헤드 제거에 효과적이라고 할 수 있다.

2 메이크업의 기초

(1) 메이크업 이해

① 메이크업의 개념

자신의 외적이미지를 표현할 수 있는 가장 효과적인 방법으로 바로 메이크업을 들 수 있다. 메이크업은 인류의 시작과 함께 비롯되어 온 것으로서 영어로 "페인팅(painting), 토일렛(toilet), 드레싱(dressing)으로 표현되는 것으로 '완성하다', '보완하다'라는 의미를 갖으며 외모의 장 · 단점을 적절히 커버하고 부각시켜 보다 나은 자신의 모습을 만들어내는 작업이다.

구체적으로 화장품을 바르고 매만져 곱게 꾸미는 행위이며 신체의 아름다운 부분을 돋보이게 하는 것 뿐만 아니라 건강미를 나타내고 자연적 고유미와 개성미를 창출하는 비언어적 수단이기도 한 것이다. 즉 메이크업(make -up)은 신체의 아름다운 부분을 돋보이도록 하고, 약점이나 추한 부분을 수정하거나 위장하는 수단이라 정의할 수 있다.

메이크업은 고대 이집트에서 사회적 계급이나 성별을 떠나서 이미 보편화되어 있었는데, 그 기술이 상당히 세련되었었다는 것을 유물을 통해서 알 수 있다. 부유한 가정의 여성들은 몸을 깨끗이 씻고 노예를 시켜서 온몸에 향유(香油)를 바른 다음, 긴 시간을 소비해서 정성들여 화장을 하였다.

반면, 현대의 화장은 화장품의 발달과 매스미디어의 발달에 의하여 예전과 같은 화장술의 격차가 없어지고, 계급이나 신분의 표현 대신 개성표현의 요소가 많아졌기 때문에 개인의 기호 · 지성 · 교양 등을 알 수 있는 수단이 되었다. 뿐만 아니라 메이크업 기법에 따라 상대방에게 호감 또는 비호감으로 비춰질수 있기 때문에 여성들 사이에선 메이크업이 더욱 중요한 과제로 떠올랐다.

이러한 메이크업은 인간의 피부에 직접 행해진다는 특성을 가지며 머리카락, 눈동자, 피부 등의 색상 차이에 따라 달리 표현되고 다양한 얼굴 모습에 따라 다른 형태가 되며, 상호간의 색상에 의한 조화를 통해 새로운 이미지가 창출된다.

② 메이크업의 기능

자신을 대표하는 가장 중요한 신체 기관은 바로 얼굴이다. 그럼에도 개인이 거울로 비치는 자신의 모습을 볼 수 있는 적은 시간에 비해 타인은 쉽게 보고 느끼고 평가한다. 따라서 사람 얼굴은 자기 자신의 것이지만 자기 자신이 보기 위한 것이 아니라 타인에게 보이려고 존재하고 있는 것이다. 게다가 얼굴 이미지는 사람을 대면할 때 중요한 단서로 제공되어 얼굴을 통한 일차적인 판단이 전체적인 이미지를 결정하는데 가장 큰 비중을 차지한다. 따라서 타고난 인상을 좋은 인상으로 만들기 위해서는 적절한 메이크업을 이용하여 자신의 장점은 부각시키고 단점은 수정 보완함으로써 호감가는 인상을 만들 수 있을 것이다. 하미드(Hamind,1969)는 메이크업의 유 · 무에 따라 각자에게 개인의 인상이 다르게 지각되어 메이크업을 한 얼굴이 메이크업을 하지 않은 얼굴보다 여성성, 보수성, 친절함, 깔끔함, 자신감, 세련됨, 종교성, 도덕성 등에 차이를 보여 메이크업을 한 여성이 더욱 여성적이고 친절하며 자신감 있고 세련된 인상을 형성한다고 하였다.

- 심리적 기능 – **자신의 콤플렉스가 있는 부분을 메이크업을 통해 수정, 보안하여 메이크업 전보다 만족감을 얻을 수 있다.**

  첫째, 메이크업 하는 것 자체에 대한 즐거움을 느낀다.
  둘째, 자신의 외모를 아름답게 함으로써 타인으로부터 긍정적인 평가를 높이는 효과이다.
  셋째, 인간관계에서 적극적으로 자신을 표현하고 스스로에 대한 만족감과 함께 자아존중감과 긍정적 가치관을 갖게 된다.

- 미적 기능 – **아름다워지고자 하는 욕구를 충족해 주는 수단이다. 이미지 변화는 메이크업을 통해 꾀할 수 있고 표현하고자 하는 방향으로의 인상형성이 가능하다.**

- 사회적 기능 – **메이크업은 사회적인 면으로 의사전달과 사회적 관습, 예의적인 표현, 신분과 직업 등을 표현하는 기능이 있다. 또한 사회 생활을 하는 중 자신의 외모에 자신감을 부여해 줌으로써 능동적이고 적극적인 자세로 임할 수 있는 자신감을 뒷받침 해주기 때문에 대인관계도 원활해 진다.**

이렇듯 메이크업은 단순히 미를 추구하는 것만이 아닌 타고난 용모에 이미지와 인상을 바꾸어 사회적 자신감을 부여하고 운세를 변하게 할 수도 있다.

(2) 메이크업 도구

① Face & body brush

마무리 화장에 이상적, 가정 큰 브러쉬로 파우더 및 블러셔로 화장하는데 사용하거나 파우더로 마무리 하는데 사용한다.

② Blusher blush

다용도로 마무리 손질하는데 이상적, 파우더를 사용하여 전체적으로 강조하고자 하는 위치에 가볍게 붓질을 하면 된다.

③ Angel contour blush

전체적으로 컬러러 모양내고 섞는데 적당, 끝에 각이 짐으로써 원하는 것에 정확하게 도포할 수 있다.

④ Flat blending blush

아이섀도우를 섞고 눈가에 컬러를 주어 강조하는데 사용하며 과도하게 섀도우를 사용한 경우 지워주는데 사용할 수 있다.

⑤ Medium shadow blush

다목적으로 사용, 눈에 좀 더 음영을 주는데 효과적이며 거친 선을 부드럽게 한다.

⑥ Square shadow

주로 눈두덩이에 아이섀도우를 칠하는데 사용한다.

⑦ Angel blush (slante blush)

대각선으로 윤곽을 그릴 때 사용, 섀도우를 눈두덩이에 바르고 문질러 선을 분명하게 하는데 사용한다.

⑧ Lip blush

입술 안쪽의 컬러를 펴 바르는데 사용한다.

⑨ Eye liner blush

펜슬로 아이라이너 그린 부분을 부드럽게 할 때와 아이라이너로도 사용 가능하다.

⑩ Roll mascara

속눈썹을 컬함으로 풍부한 속눈썹을 만드는데 사용한다.

⑪ Eye brow w/ comb

두 가지 쓰임새를 가지고 있으며 한 쪽은 나일론, 한쪽은 플라스틱 붓으로 되어 있다. 45도를 유지하면서 눈썹 결대로 빗어 각을 만들어 준다. 안쪽에서 바깥쪽으로 가볍게 쓸어주면서 눈썹의 형태를 잡아 준다.

⑫ Fan blush

과도한 화장을 털어내거나 혼합하는데 사용. 얼굴 전체에 분칠을 함으로써 마무리 브러쉬러 사용한다.

⑬ 스펀지(Sponge)

파운데이션을 펴주는데 사용한다. 깨끗하게 화장할 수 있도록 도와주고 파운데이션의 밀착력을 좋게 한다. 좁은 부위에는 각진 것을, 넓은 부위에는 둥근 것을 이용한다. 파운데이션은 기름덩어리이기 때문에 스폰지는 깨끗하게 관리해야 한다.

⑭ 퍼프(Puff)

라텍스 퍼프는 메이크업 베이스나 파운데이션 같은 주로 리퀴드 타입의 파운데이션사용 시 자연스러운 피부를 표현할 수 있다. 팩트나 쿠션형 파운데이션을 사용할 때 사용하는 폴리우레탄 퍼프는 피부에 밀착력을 높이고 가볍고 얇게 바르는데 적당하다. 그 외 파운데이션의 종류에 따라 다양한 재질의 퍼프가 사용된다.

3 기초 화장 (Base Make -Up)

베이스 메이크업은 일반적으로 바탕 메이크업을 말한다. 즉 피부색을 표현하는 메이크업이라는 뜻이다. 베이스 메이크업의 중요한 역할은 피부 표면을 매끄럽고 균일하게 정돈해 얼굴에서 자연스럽고 부드러운 윤기를 만들어 내는 것이다. 베이스 메이크업을 하기 위한 첫 번째 단계는 우선 본인의 피부색을 정확히 분석하는 것에서 시작한다.

(1) 피부색의 결정 요인

피부의 색상은 두 가지 요인에 의하여 결정된다. 하나는 피부가 가지고 있는 고유의 색소에 의한 것이고 다른 하나는 피부에 분포되어 있는 혈관 및 혈액이 나타내는 색상이다.

첫째, 표피의 가장 아래층에 집중적으로 모여 있는 갈색의 멜라닌(melanin) 색소는 강한 햇볕에 오래 노출되면 일시적으로 증가하여 피부가 검게 된다. 피부에는 멜라닌 색소 외에도 노란색을 띄게 하는 케로틴(carotene)에 의하여 얼굴이나 손바닥, 발바닥의 색상이 더 진해지기도 하며, 헤모글로빈(hemoglobin)은 피부에 푸른색이나 핑크계열의 색조를 나타낸다. 이 세가지 색소의 비율에 따라서 백색과 흑색이기도 하고 황색 기미나 적색 기미가 강하기도 하다. 또 같은 붉은 기라도 오렌지 색이 섞인 것인가, 장미색이 섞인 것인가에 따라 피부색은 미묘하게 다르게 된다. 이러한 색소의 분포도에 따라 따뜻한 피부(warm)와 차가운 피부(cool)로 나눌 수 있다.

둘째, 피부의 혈관 특히 진피에 있는 혈관과 그 속에 흐르는 혈액의 산소 함유량에 따라 피부의 색은 많이 달라진다. 일반적으로 산소가 많이 포함된 건강한 피부는 연한 분홍색을 띄며 산소가 모자라는 상황에서는 창백한 빛을 띈다. 또한 혈관이 확장되어 있는 정도에 따라서도 달라지는데 감정이 흥분된 상태 또는 약물에 의해 혈관이 확장되면 피부 특히 얼굴의 피부는 붉은 색을 띄게 된다.

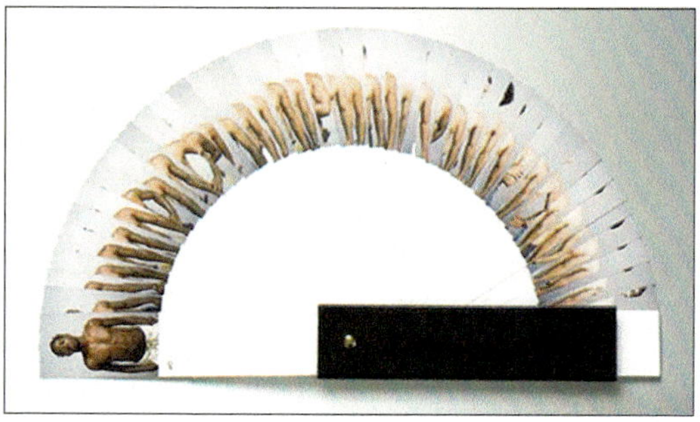

(2) 피부표현을 위한 기초 메이크업

피부표현 메이크업은 전체 메이크업 효과의 약 80%를 결정해 줄 정도로 중요하다. 색조 메이크업의 시작인 베이스 메이크업이 성공적으로 진행되어야 그 다음 순서인 눈, 입술, 볼 등의 색조 화장이 순조롭게 진행될 수 있다.

내추럴 메이크업이 강조되면서 자연스러운 피부표현을 추구하며 질감에 의해서 가볍고 무거운, 그 외에 여러가지 변화되는 인상을 갖게 되기 때문에 적절한 유분 조절에 의한 질감이 중요시된다. 본인의 피부색에 잘 맞는 컬러 선택과 피부 타입에 맞는 제품 선택으로 피부의 질감을 개선시켜 얼굴형을 수정, 보완해서 단점은 커버하고 장점은 부각시키는 상승효과를 얻을 수 있다.

① 프라이머(primer)

최근 들어 많이 사용하는 제품으로 메이크업 베이스 전단계나 파운데이션 전 단계에서 사용하며 모공을 막아주어 피부의 결을 고르게 해준다.가벼운 반투명 젤 타입의 실리콘 베이스 제품으로 그 기능은

- **빛을 가볍게 반사하여 얼굴의 미세한 주름이나 결점들을 매끈하게 커버해주는 효과를 낸디.**
- **피부가 파운데이션을 흡수하는 것을 막아 준다.**
- **매끄러운 피부 표면을 만들어 메이크업이 지워지는 것을 방지한다.**

② 메이크업 베이스(make up base)

메이크업 베이스의 종류에는 크림타입, 리퀴드 타입, 젤 타입이 있다.
그 기능은 다음과 같다.

- 피부 톤을 정리해 준다.
- 피부의 결점을 커버해 준다.
- 파운데이션의 밀착력과 지속력을 높인다.
- 파운데이션의 피부 흡수를 막아 피부를 보호해 준다.

■ 피부색 보정을 위한 색상 선택 요령

색상	피부 타입
연핑크	혈색이 없고 창백한 피부에 화사함을 준다. 주로 백인들의 피부에 적합하다.
연보라 	노르스름한 피부에 사용하면 피부를 화사하고 고른 피부톤을 자연스럽게 표현할 수 있다. 동양인의 피부에 적합하다.
그린	모세혈관이 확장된 피부, 여드름 자국이 남아 있는 피부 등 붉은 피부색을 조절하여 희게 만든다. 젊은 층이 선호한다.
옐로우 	검은 피부나 썬탠한 다갈색 피부에 밝은 톤을 준다.
블루	여드름 피부 및 기미, 주근깨 등 잡티가 많은 피부를 커버한다.
오렌지 	톤이 고르지 못하고, 피부가 지저분한 경우 썬탠한 듯 건강한 피부톤으로 깨끗하게 정리한다. 흑인들의 피부에 적합하다.
흰색	어둡고 칙칙해서 피곤해 보이는 피부에 화사함을 준다. 투명 메이크업의 톤을 조절한다.

③ 파운데이션(foundation)

파운데이션의 기능은 다음과 같다.

- 여드름 자국, 넓어지는 모공, 기미나 반점과 같은 결점들을 감춘다.
- 피부톤을 조절하여 건강하게 보이도록 한다.
- 얼굴의 골격이나 윤곽을 수정해 입체감을 주어 색조 메이크업을 돋보이게 한다.
- 자외선이나 추위 · 오염 등의 외부자극으로부터 피부를 보호한다.

파운데이션은 종류에 따라 색상, 커버력, 감촉, 사용효과가 매우 다양하므로 선택에 실패하지 않으려면 피부색이나 피부상태, 사용 목적에 따라 선택한 후 얼굴에 발라보고 결정해야 한다

■ **파운데이션의 종류**

종류	특성
BB크림 (blemish balm)	영양크림 + 메이크업 베이스+ 파운데이션 기능을 합친 제품.
CC크림 (color correct, complete)	기초제품 + BB크림을 합친 기능이 있으며 BB크림의 다크닝 현상과 다양한 색상을 보완하여 나온 제품
리퀴드 파운데이션 (liquid foundation)	수분 함유량이 많아 사용감이 촉촉하고 가벼워 자연스런 피부표현에 좋으나 커버력이 약하다.
크림 파운데이션 (cream foundation)	적당한 유분 함유로 커버력이 있어 잡티가 있는 피부에 효과적이며 건성피부에 적합하다.
스틱 파운데이션 (stick foundation)	커버력이 강하고 지속력이 우수하여 전문가용으로 주로 쓰인다. 비교적 두껍게 표현되고 피부에 무리를 주는 단점이 있다.
쿠션 파운데이션 (cushion foundation)	파운데이션의 건조함과 메이크업 수정의 편의성을 보완하여 촉촉하고 가벼운 발림성이 장점이다. 기존 고체형 타입에서 변형되어 스펀지 타입으로 많이 쓰인다. 자외선차단기능을 추가하면서도 커버력과 촉촉한 피부표현 등 여러 기능을 가진 다양한 타입이 있다. 사용이 간편하고 빠르며, 휴대가 용이하다.
스킨 커버 (skin cover)	크림 타입보다 커버력이 우수하여 잡티나 기미와 같은 결점을 부분적으로 커버하기에 적합하다.

파운데이션을 바를 때는 얼굴 부위에 따라 그 양을 달리 해야 자연스럽고도 오래 가는 메이크업을 할 수 있다.

• 적게 바를 곳

T – ZONE 부위 ▶ **얼굴에서 유분과 땀등 피지분비량이 가장 많이 나오는 부위. 시간이 지나면 파운데이션이 가장 지워지기 쉽다. 따라서 가장 적은 양을 얇게 바른다.**

O – ZONE(입.코.눈 주위)부위 ▶ **피하지방이 적고 근육의 움직임이 가장 많으므로 파운데이션을 많이 바르면 얼굴이 평면적으로 보이고 부자연스럽다.**

• 충분히 바를 곳

S -ZONE(볼주위)부위 ▶ 피하지방이 가장 많고 기미나 주근깨 여드름이 가장 많으며 자외선으로 인해 피부에 발생하는 트러블을 방지하기 때문에 가장 많은 파운데이션 양이 필요하다. 볼 부위에 도톰하게 발라서 얼굴의 볼륨감을 표현한다.

Tip 파운데이션을 바르는 방법

• 중앙 바깥쪽 , 넓은 부위 좁은 부위

• 양 볼 ➜ 턱과 입술 주변 ➜ 코 ➜ 이마 ➜ 눈 주변 ➜ 페이스라인

■ **파운데이션의 컬러 선택**

종류	기능
흰 피부	• 화사한 베이지 컬러 • 차분하면서도 밀착된 피부를 표현
노란 피부	• 연한 핑크빛 • 화사하면서도 건강하게 표현
붉은 피부	• 옐로 베이지 컬러 • 차분한 톤으로 표현
어두운 피부	• 연한 핑크빛의 자연스러운 베이지 컬러 • 차분하면서 혈색있게 표현

자연스러운 메이크업은 피부색과 같은 색상이나 목 톤보다 한 톤 정도 밝은색을 선택하여 화사함을 표현할 수 있도록 한다. 단, 뚜렷한 음영감을 주기 위해서는 피부 색조보다 반톤 어둡게 하여 하이라이트 존에만 본래의 피부보다 한 톤 밝은색을 사용한다.

• **컨실러(concealer)**

잡티를 커버하기 위해서 메이크업 제품을 사용하다 보면 자칫 화장이 두꺼워지기 쉽다. 그러나 그린색 메이크업 베이스와 파운데이션만으로는 잡티를 커버할수 없다. 두껍지 않으면서도 피부 결점을 커버하기 위한 제품이 바로 컨실러이다.

곧, 컨실러의 기능은 아주 적은 양으로도 여드름 자국, 다크써클, 낮은 코 등의 결점과 지저분한 잡티를 커버하는 것이다. 종류는 스틱, 펜슬, 케이크, 크림, 리퀴드로 아주 다양하며 적용 범위 또한 넓으므로 제품 특징에 맞게 잘 선택하면 효과적으로 콤플렉스를 가릴 수 있다.

■ 컨실러의 종류

종류	특성
 크림 타입	• 부드러운 크림 제형의 컨실러. • 작은점, 트러블마크나 뾰루지 등의 피부커버. • 브러쉬나 손가락을 이용하여 사용.
 스틱 타입	• 립스틱 타입의 단단한 제형의 컨실러. • 커버력이 높아 여드름 흉터나 트러블, 잡티 부위에 살짝 누르듯이 사용.
 로션 타입	• 리퀴드 타입의 컨실러. • 파운데이션 대용으로도 사용이 가능.
 펜슬 타입	• 결점커버 제품. 파운데이션 대용으로도 사용이 가능. • 눈 밑 다크서클(검은 그림자)를 완벽하게 커버.
 팁 타입	• 촉촉하면서 커버력이 높은 제품 • 눈 밑 다크서클, 홍조, 색소침착, 윤곽 메이크업에 사용 가능

Tip 컨실러 활용 방법

• 기미, 주근깨에…

피부보다 약간 어두운 색의 컨실러를 몇 군데 발라놓고 손가락 끝으로 살짝 펴준 다음 경계 부위를 파운데이션으로 잘 펴준다.

• 눈 밑 다크서클에…

원래의 피부색보다 밝은 색의 컨실러를 선택하여 눈물샘에서 눈 가장자리까지 잘 펴준 다음 손가락 끝으로 톡톡 두드리면서 경계부위를 잘 펴준다.

• 여드름 자국에…

노란기를 띄는 컨실러로 붉은 부위에 조금 찍어 바르고 가느다란 브러쉬나 면봉으로 경계부위를 펴 바른다.

• 넓은 모공에…

적은 양을 사용하여 손가락 끝으로 나선형을 그리면서 얇게 펴 바르고 파운데이션을 덧바른다. (모공이 넓을 경우는 자주 사용하는 것은 좋지 않다. 특별한 날 피부를 꼭 커버하여야 할 때 이용한다)

• 입술 모양 수정에…

입술 모양을 바꿀 때 입술선을 커버하고 파우더를 바르면 원하는 입술모양을 그릴 수 있다.

※ 너무 넓은 부위에 많은 양을 사용하게 되면 피부가 건조해지면서 주름이 많이 보이게 된다. 자칫 잘못 사용하게 되면 오히려 커버하려는 부분이 더 두드러져 보일 수 있다. 따라서 처음부터 한꺼번에 많이 바르기 보다 조금씩 여러 번에 거쳐서 얇게 쌓듯이 발라 주는 것이 좋다.

④ 파우더(powder)

메이크업 베이스와 파운데이션을 바르고 난 후 피부표현의 마무리로 파우더를 바른다. 파우더를 바르는 목적은

- **피부에 잘 밀착시켜 파운데이션의 지속력을 유지시키는 것이다.**
- **피부색상을 깨끗하게 연출해 준다.**
- **파운데이션을 바른 후 피부에 남아 있는 유분을 흡수시켜 부자연스런 광택을 제거한다.**
- **외부 자극으로부터 피부를 보호해 준다.**
- **약간의 커버 효과도 기대할 수 있다.**

파운데이션과 동일한 색, 또는 파운데이션보다 한단계 밝은 색상을 선택하며 투명파우더, 오렌지, 갈색, 노란색, 보라색, 백색 등 표현하고자 하는 피부 톤에 따라 고를 수 있다.

쉬어가는 페이지

아하~ 그렇군요!

화장품 적정 사용량

화장품의 효과를 제대로 보기 위해서는 제품마다 적정 사용량을 알아두는 것이 좋다. 단, 제품의 특성이나 피부 상태에 따라 사용량이 약간씩 차이가 있을 수 있다.

☆ 화장수

화장솜에 흐르지 않을 정도로 충분히 적신 다음 얼굴 안쪽에서 바깥쪽으로 정돈해준다.

☆ 로션

50원짜리 동전만큼 던 다음 얼굴에 큰 원을 그리듯 바른다.

☆ 에센스

50원짜리 동전 크기 정도를 얼굴에 원을 그리며 고루 펴 바른 후, 톡톡 두드려 흡수를 돕는다.

☆ 아이크림

새끼손가락으로 찍었을 때 새끼손톱만큼 묻어날 정도. 가운데 손가락을 이용해 톡톡 두드리듯이 눈가에 바른다. 너무 세게 문지르듯 바르면 주름이 생길 수 있다.

☆ 영양크림

영양크림을 너무 많이 바르면 흡수되지 않고 남은 잔여물이 트러블을 일으키고 메이크업이 밀릴 수 있다. 콩알 크기 정도를 덜어 얼굴에 고루 펴 바른 후, 원을 그리며 얼굴을 마사지한다.

☆ 자외선차단제

100원짜리 동전 크기만큼 덜어 손으로 얼굴 구석구석 고르게 펴 바른다. 얇게, 골고루, 넓게 펴 바르는 것이 관건. 적어도 외출하기 20분 전에는 발라 흡수시키는 것이 효과를 높일 수 있는 방법이다.

☆ 파운데이션

리퀴드 파운데이션은 콩알 크기만큼 덜어 손으로 잘 펴 바르거나 퍼프를 사용해 얼룩이 지지 않게 골고루 펴 바른다.

☆ 파우더

퍼프에 2~3번 묻혀서 끈적임 없이 보송보송한 느낌이 들 정도로 바른다. 문지르지 말고, 여러 번 톡톡 두드리며 바른다.

4 얼굴 윤곽 수정 메이크업(Correct Make –Up)

인체 이미지를 결정하는 중요한 단서로 활용되는 사람의 얼굴은 사회문화적 환경에 따라 보는 관점이 바뀌어 왔지만 주로 얼굴 전체와 눈, 코, 입 등 각 부위들 간의 균형에서 결정되어 왔다.

우리나라의 미용업계 및 학계에서 사용하는 국내외의 얼굴유형 분류 방법은 주로 이마와 턱의 모양, 얼굴길이와 폭의 비율, 광대뼈의 돌출에 의해 계란형, 원형, 긴형, 사각형, 삼각형(하트형), 역삼각형, 마름모형의 7가지로 구분한다. 이중에는 각각의 생김새에 따라 부드러운 분위기를 풍기는 이미지도 있고 날카로운 이미지를 풍기는 얼굴형도 있다.

메이크업을 하기 위한 기본 정보로 나의 얼굴형을 정확히 파악함으로써 메이크업의 윤곽 수정, 눈썹, 블러셔 등의 구체적인 방향을 계획할 수 있다. 사람의 얼굴 형태는 그 사람의 이미지와도 연결되며 얼굴형의 정확한 분석은 메이크업의 기술적인 방법뿐 아니라 전체적인 이미지를 완성하는 데 꼭 필요한 정보이다.

이미지는 얼굴의 균형도에 따라 결정이 될 수가 있는데 얼굴의 각 부분이 차지하는 이상적인 비율을 도식적으로 표현해 놓은 것으로 가장 이상적인 얼굴 형태이다. 얼굴의 균형 비율과 실제로 본인이 가지고 있는 얼굴의 균형비율을 자세히 관찰하여 어느 부위가 균형에 맞지 않는지를 파악하여 수정하는 데 활용한다. 또한 얼굴형을 일반적인 형태별로 나누어 보았을 때 판단할 수 있는 기준이 되므로 정확한 얼굴 균형도를 익히는 것은 메이크업 디자인을 하는 데에 꼭 필요한 과정이라고 할 수 있다.

MEMO

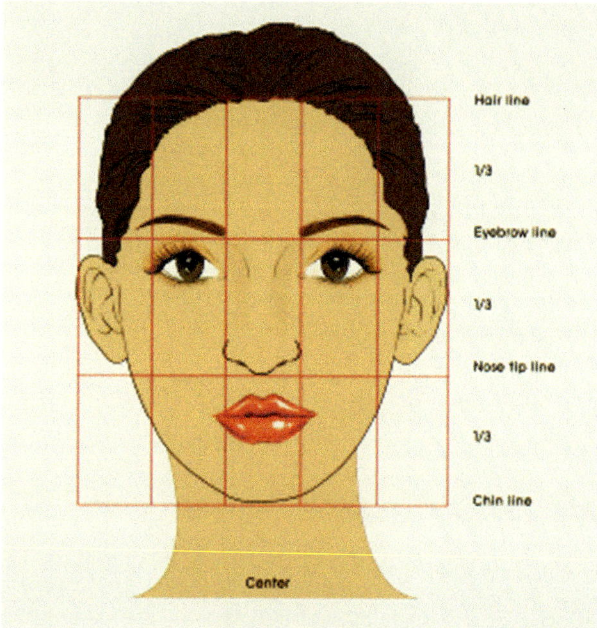

[그림 4] 얼굴의 분할

수정 메이크업이란 메이크업을 시행하기에 앞서 얼굴의 형태를 파악하여 얼굴형의 결점을 보완하고 장점을 최대한 살리기 위한 메이크업이다. 따라서 메이크업을 어떻게 할 것인가를 결정하기 위해서는 얼굴의 유형 및 형태적 특성파악이 필수적이라 할 수 있다.

얼굴형은 메이크업에서 상당히 고려할 부분이다. 메이크업의 표현 요소로는 점, 선, 면으로 구분할 수 있으며 얼굴형 또는 얼굴의 형태적 특성들이 전체 이미지에 어떤 영향을 미치는지 파악하는 것은 메이크업을 어떻게 할 것인가를 결정하는데 매우 중요하다.

어떠한 윤곽의 얼굴도 메이크업에 따라 달걀형으로 수정이 가능하다. 얼굴의 골격 구조와 얼굴형에 따라 하이라이트와 섀딩을 줌으로써 장점을 강조하고 얼굴의 결점을 커버한다면 조화로운 얼굴이 될 것이다. 일상생활에서 메이크업에 조금만 신경쓴다면 보다 아름다운 얼굴을 연출할 수 있으므로 본인의 얼굴형에 맞는 메이크업으로 결점을 감추고 장점을 최대한 살리도록 하자.

(1) 계란형

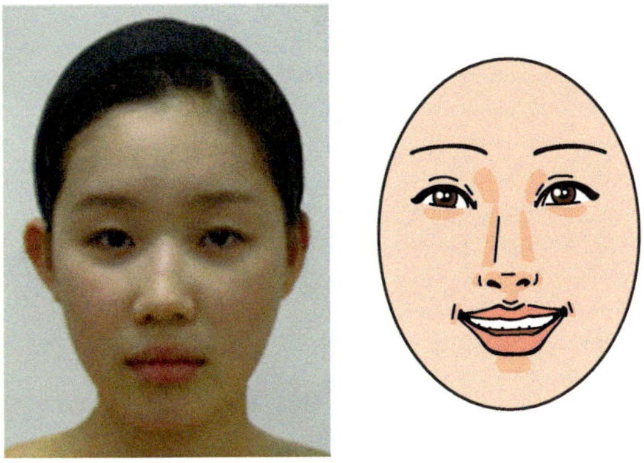

자료 출처: 한보현(2009),이미지 상승효과를 위한 메이크업 스타일 연구: 얼굴형을 중심으로 , 성신여자대학교 대학원 박사학위논문 이하동일.

얼굴의 균형이 잘 잡혀있어 거의 3등분으로 구분되고 전체적으로 아담하고 귀품 있으며 세련된 분위기가 난다. 가장 이상적인 얼굴형으로 특별히 얼굴을 수정할 필요가 없다. 타원형의 얼굴은 여성적인 둥근 패턴으로 경계선이 두드러지지 않도록 펴 바른다. 분위기에 맞추어 부분 화장을 변화시킨다.

(2) 둥근형

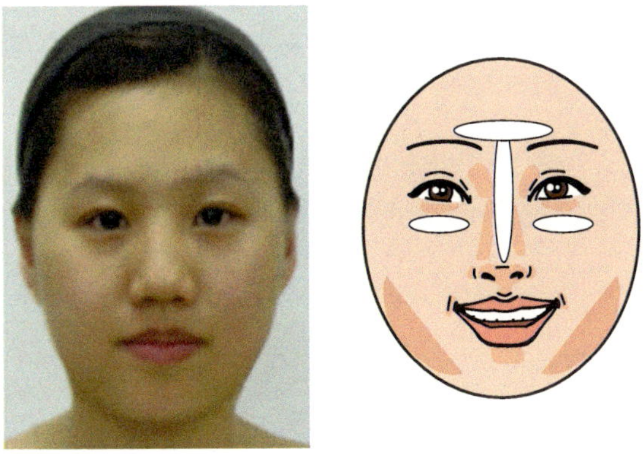

자료 출처: 한보현(2009),이미지 상승효과를 위한 메이크업 스타일 연구: 얼굴형을 중심으로 , 성신여자대학교 대학원 박사학위논문 & NCS 학습모듈, 기초 메이크업(LM1201010303_14v2) 이하 동일.

둥근형 얼굴은 볼과 턱 선이 둥글어 얼굴을 수평으로 3등분 나누었을 때 중앙부분이 넓어 보이는 형이다. 전체적으로 얼굴윤곽이 둥글며 이마는 폭이 좁고 낮다. 특히 헤어라인이 둥글고 옆부분이 양턱은 짧으며 각이 없이 곡선으로 이루어져 얼굴 넓이와 길이가 거의 같아 보인다. 눈, 코, 입 등도 둥근 사람이 많은 편이다. 일반적으로 목이 짧은 경우가 많다. 귀여운 인상을 주고 나이에 비해 어려 보이는 편이나 세련된 느낌을 주기 어렵다. 피부는 희고 곱게 표현한다. 이마 양옆에서 턱까지 얼굴선을 따라 어두운 파운네이션과 파우더로 음영을 주고 밝은색 컨실러, 혹은 하이라이터를 이용하여 T존 부위와 눈 밑에 하이라이트를 주면 콧날이 날카롭고 코가 길어 보이며 입체감이 생겨 볼이 수축되어 보이는 효과를 얻을 수 있다. 또한 코의 선을 따라 길게 섀딩을 주어 귀 윗부분에서 구각을 향하여 사선으로 블러셔를 발라주면 얼굴의 폭이 좁아 보이므로 좀 더 갸름해 보일 수 있다

(3) 삼각형

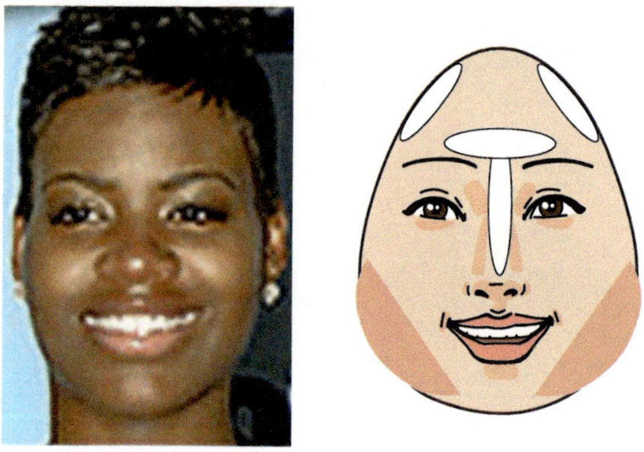

얼굴에 살이 별로 없으며 광대뼈와 턱이 발달한 얼굴형으로 총명한 인상을 주기도 하지만 자칫하면 나이 들어 보이고 날카로워 보이는 얼굴형이다. 얼굴을 부드럽고 둥글게 해주는 것이 인상을 부드럽게 보이게 하므로 턱선은 섀딩을 하고 이마 관자놀이 윗부분은 하이라이트를 준다.

(4) 긴형

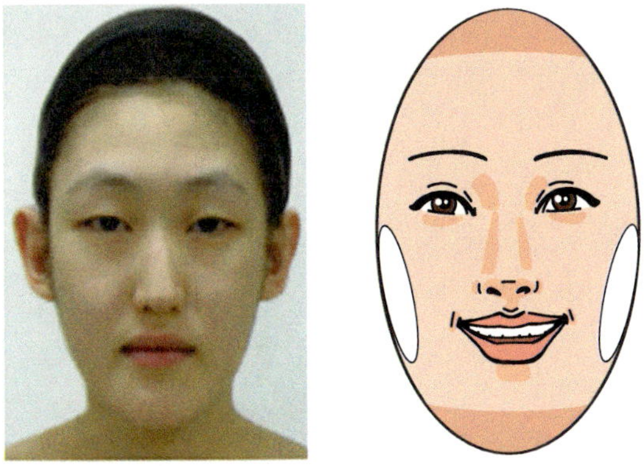

보통 갸름해 보이는 얼굴형이다. 얼굴의 가로 폭은 좁고 세로의 길이는 길어 고전적이며 지적인 이미지를 주는 마른 얼굴에서 많이 볼 수 있는 얼굴형이다. 여성스러움과 함께 침착하고 성숙해 보이나 전체적으로 생기발랄한 느낌이 별로 없고 자칫 나이 들어 보일 수 있는 외형이다. 양볼은 밝은 파운데이션으로 표현하고 이마와 턱부분, 코 끝에는 섀도를 주어 얼굴의 길이를 줄여준다. 전체적으로 가로의 느낌이 들게 메이크업 해주어 긴 얼굴이 분할되어 보이도록 해 자칫 나이 들어 보이는 외형을 탈피하는 것이 포인트다

(5) 역삼각형

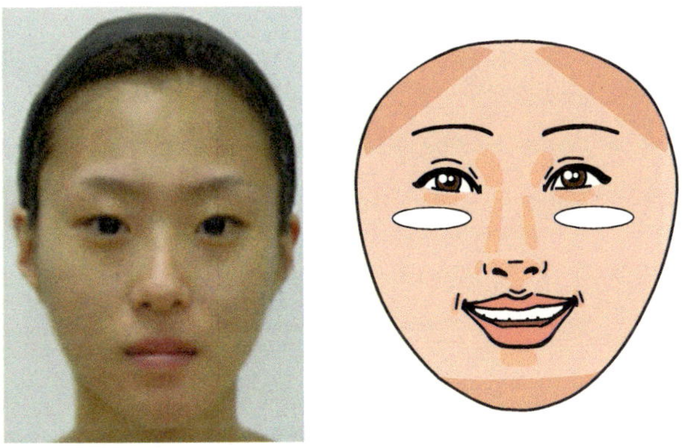

윗부분 이마가 넓고 아래턱 부분이 좁아 뾰족한 선으로 이루어져 있으며, 헤어라인이 수평을 이루고 있어 얼굴 넓이보다 길이가 짧게 느껴진다.

역삼각형 얼굴은 턱선이 둥글고 넓은 얼굴형보다는 세련되고 모던한 느낌을 준다. 얼굴형 수정시턱선의 뾰족한 부분을 완화해 타원형의 얼굴형이 되도록 연출하는 것이 좋다. T존과 눈 밑에 하이라이트를 주고 이마 양 옆과 턱에 섀딩을 주도록 한다.

(6) 사각형

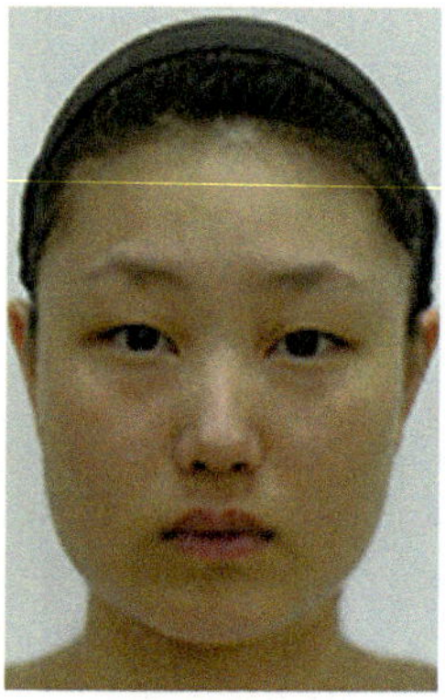

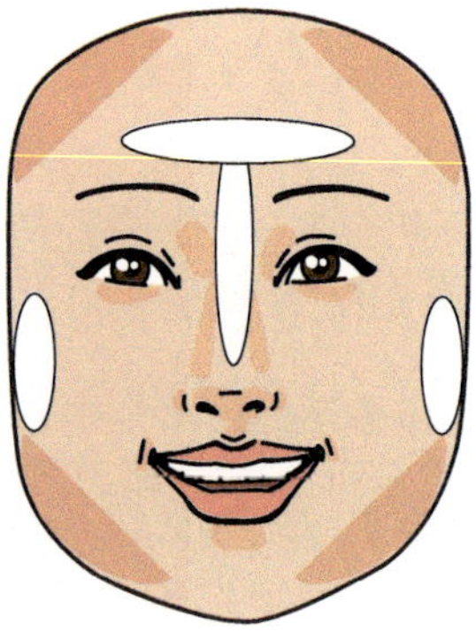

사각형으로 네모진 얼굴은 뼈가 두드러져 보이는 특징을 가졌다. 이마와 헤어라인 경계선이 직선으로 이마선과 턱 선에 각이 져 있고 볼의 선도 직선에 가까워 얼굴 길이에 비해 가로 폭이 넓으므로 평면적인 느낌과 안정감이 있어 활동적이고 의지가 강해 보이는 느낌을 주며 지나치면 고집스러우면서도 도전적인 인상을 준다.

이마와 턱선의 각진 부분만에 섀딩을 주어 곡선으로 처리하여 부드럽고 여성적인 얼굴의 이미지를 연출한다. 중앙부분은 밝은 피부색으로 둔다. 이마와 콧등, 턱까지 하이라이트 처리를 하여 세로의 길이를 강조한 다음 블러셔는 둥근 느낌으로 폭넓게 바른다. 수정부분의 어두운 색상을 바를때는 볼화장과 겹치지 않도록 주의한다. 약하고 자연스러운 메이크업보다 강하고 뚜렷한 메이크업을 하여 건강하고 원숙한 느낌의 색상을 표현하는 것이 포인트이다.

(7) 마름모형

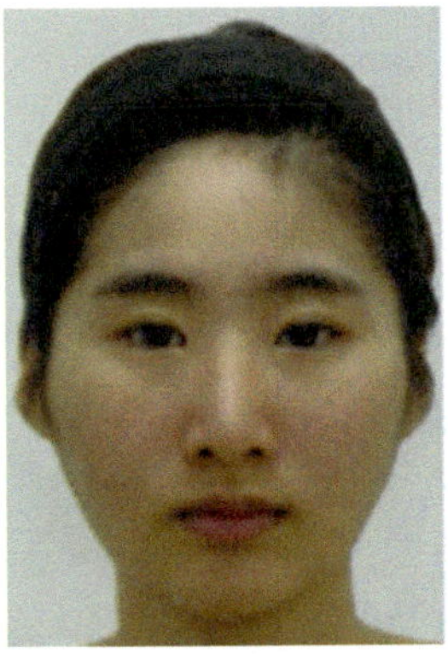
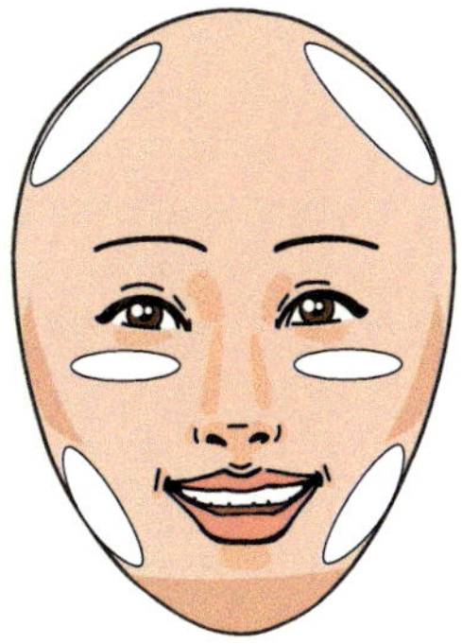

볼 뼈가 나온 형으로 옆에서 볼 때 초승달 같은 형태를 나타내고, 턱이 조금 앞으로 나온 형태로 코 부분이 다른 부분에 비해 많이 돌출되어 이마와 하관이 광대뼈 폭보다 좁아 보이는 형이다. 광대뼈가 약간 튀어 나와 있는 얼굴은 관능적인 느낌이 들면서 외향적이고 쾌활한 분위기를 풍기게 된다. 정도가 심하면 얼굴 유곽이 두드러져 성격이 강하고 차가워 보일 수도 있다.

얼굴형을 수정할 때는 이마 양 옆 부분과 턱선에 하이라이트를 주고 튀어나온 볼 뼈 부분과 뾰족한 턱 끝에는 섀딩처리를 해서 무난한 느낌이 되도록 한다.

Tip 얼굴 따로, 목 따로….?

얼굴을 작아 보이게 하거나 입체화장을 하기 위해 짙은 색상의 파운데이션을 이용해 음영을 주는 경우가 많다. 그러나 너무 많이 발라 얼굴에 경계선이 생기거나 목과 색상 차이가 많이 나면 오히려 얼굴의 각진 부분이 더 두드러져 흉해 보인다.

이럴 때는 소량의 섀딩용 파운데이션을 수정할 부분에 찍어놓은 다음 스펀지를 이용해 처음부터 문질러 바르지 말고 여러번 두들기듯 펴발라주면 경계선이 생기지 않고 자연스럽다. 만일 경계선이 생겼다면 기본 베이스 컬러로 사용했던 파운데이션을 소량 묻혀 경계진 부분을 두들겨주면 된다.

쉬어가는 페이지

아하~ 그렇군요!

재미로 보는 인상학

국내 첫 인상학 박사의 연구 결과를 보면 얼굴 형태로 성격은 물론 어떤 일에 적합한지 어느 정도 알 수 있다고 한다. 이 연구에서 분석한 사람들의 특징과 더 나은 인상을 만드는 방법을 소개한다.

동글동글한 얼굴 – 고루한 성격이지만 지킬 것은 지킨다. 가정을 잘 챙기고 윗사람을 잘 보신다. 시키는 일은 잘 하지만 결정을 내리는 일엔 약하다.

턱이 넓고 옆으로 튀어나온 얼굴 – 열심히 일하고 통솔하는 재능이 있다. 좋고 싫음이 너무 분명해 싫은 이는 내친다. 사람을 따뜻하게 대할 필요가 있다.

온화하게 생긴 계란 형 얼굴 – 화기애애한 분위기를 중시하지만 대충 시간만 보내는 경향이 있다. 노력에 따라 실적이 달라지는 일에 적합하다.

눈이 나오고 입이 큰 얼굴 – 자기표현을 분명하게 하고 비판에도 주저함이 없다. 용감하고 독창적이긴 해도 말로 다른 사람에게 상처를 줄 수 있다.

코가 높고 큰 얼굴 – 자존심이 강하고 도도하다. 여러 사람을 만나는 일보다 전문적인 분야에서 일하는 게 적합하다. 자신을 낮추도록 노력해야 한다.

입이 두툼하면서 큰 얼굴 – 통이 크고 태평한 성격이다. 성과에 대한 압박이 필요하고 계획을 세워 제때 일을 처리하는 습관을 들인다.

이마가 넓고 둥근 얼굴 – 머리가 좋고 사람들의 마음이 상하지 않게 일처리를 원만하게 잘한다. 하지만 소심한 구석이 있으니 낙관적인 생각을 갖는다.

광대뼈가 나온 얼굴 – 매너가 좋다는 소리는 좋지 못하지만 능력은 좋다. 일을 꼼꼼하게 처리한다. 주위 사람들에게 너그러이 대하고 자주 웃으면 좋다.

5 색조 화장(Point Make -Up)

메이크업은 형태와 색채를 조화시켜 자유롭게 표현하는 것으로 색채는 얼굴의 형태적 특징을 강조하고 수정기능을 가짐으로써 대인관계에서의 인상 뿐만 아니라 자신의 이미지를 만들어 나가는 데에도 큰 영향을 미친다. 특히 눈과 입술 화장은 매력적인 인상을 만드는 중심이 되며 선택된 화장색채에 따라서 그 효과가 가감될 수 있다.

(1) 눈썹 메이크업(Eyebrow Make -Up)

누구나 얼굴을 반으로 나누어 좌 · 우를 비교해 보면 이목구비의 높이나 길이가 조금씩 차이가 난다. 하지만 눈썹은 집의 지붕과도 같은 역할을 하면서 인상을 좌우하는 대표적인 부분이기에 부족한 점이 있을 경우 유난히 도드라져 보인다. 예쁘게 정돈된 눈썹은 얼굴의 이목구비를 또렷하게 만들고 얼굴이 더 작아 보이도록 연출하는데 결정적인 역할을 한다.

간단히 정리하는 것만으로도 눈이 실제보다 더 커 보이게 만드는 효과도 있다.

A : 눈썹 머리

콧망울에서 안구 시작점을 잇는 일직선상에 위치한다.

B : 눈썹 산

콧망울에서 눈동자 끝을 지나는 사선상에 위치하며 눈썹 길이의 2/3지점이다.

C : 눈썹 꼬리

콧망울에서 눈 꼬리를 지나는 사선상에 위치한다.

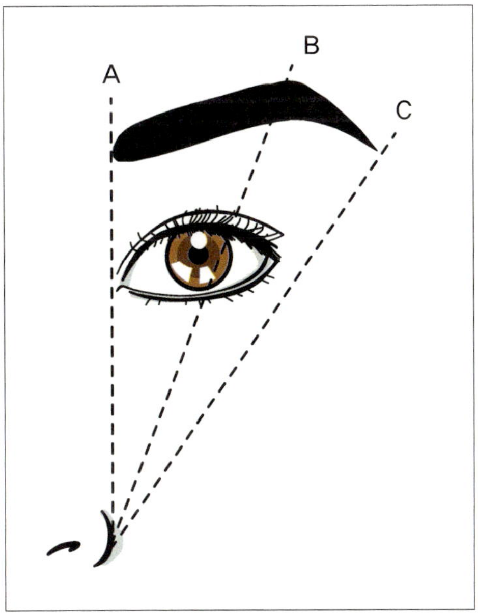

① 눈썹 정리& 그리기

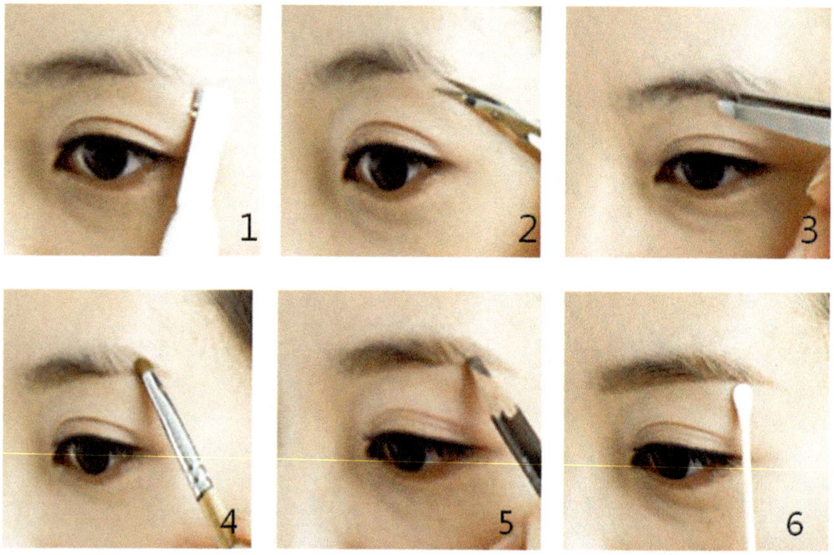

- 1단계 : 눈썹 칼로 지저분하게 흩어져 난 눈썹을 정리한다. 이때 눈썹 앞머리에 비해 처진 눈썹도 깎는다. 눈썹 앞머리보다 꼬리가 더 처지면 우울해 보이고 자칫 촌스러워 보인다. 눈썹 브러시로 눈썹 결을 정리한다.
- 2단계 : 미용 가위를 이용해 삐쭉삐쭉 나와 있는 눈썹을 자른다.
- 3단계 : 처음부터 족집게로 눈썹을 뽑으면 피부에 자극을 주고 늘어질 수 있으니 눈썹 칼로 눈썹을 밀어낸 후 다듬기 마지막 단계에서 족집게로 정리하는 것이 좋다.
- 4단계 : 먼저 밑 선을 그린다. 아이브로우 펜슬로 그리면 부자연스럽고 딱딱해 보이므로 섀도를 이용한다. 눈썹산과 꼬리 부분의 밑 선이 만나 삼각형이 되도록 윗선을 그린다.
- 5단계 : 숱이 많은 사람은 펜슬로, 숱이 적은 사람은 섀도를 이용해 브러시로 자연스럽게 눈썹의 빈 곳을 채워나간다. 미간이 넓은 사람은 눈썹의 앞머리를 좀더 길게 빼서 그리고, 미간이 좁은 사람은 꼬리 부분을 더 강조해 그린다.
- 6단계 : 눈썹을 그린 후 번지거나 비뚤어진 부분은 면봉을 이용해 한 번에 지운다. 면봉을 납작하게 눌러 얇게 만든 다음에 사용하면 좋다

다음은 아이브로우 메이크업 시 알아둘 노하우이다.

- 눈썹색상 헤어색상과 동일한 색상을 선택한다. 흔히, 헤어 색상은 검정 인데 눈썹을 브라운 계통의 아이펜슬만을 사용하면 어색해 보인다. 이럴 땐 아이펜슬로 눈썹의 윤곽을 그린 후 자신의 헤어와 비슷한 색상의 아이섀도 또는 브로우 마스카라를 이용해 발라주면 자연스럽게 연출된다.
- 색상의 농도 앞머리는 가장 연하게, 점점 농도를 짙게 하여 눈썹 산에서 가장 진하게 그리고 눈썹꼬리까지 연결한다.
- 굵기 앞머리가 가장 두껍게, 점점 가늘어지면서 꼬리에서 얇게 가볍게 빠진다

② 눈썹 모양과 이미지

종류	눈썹 모양	이미지
표준눈썹		어느 형이나 무난하게 어울린다.
직선눈썹		젊고 신선한 이미지. 활동적, 남성적 느낌이다. 얼굴이 긴 형 , 폭이 좁은 형에게 잘 어울린다. 눈썹 산이 없기 때문에 명암으로만 표현한다.
각진눈썹		지적이고 세련된 느낌. 사각형, 둥근형에 어울리고 얼굴의 길이가 짧은 사람에게 효과적이다. 표준형보다 눈썹 산이 위쪽에 위치한다.
아치형눈썹		여성적이고 우아한 느낌 역삼각형, 이마 넓은 사람에게 어울리며 눈썹머리 시작을 표준보다 밑에서 시작하여 길이를 길게 한다.
화살형눈썹		역동적, 야성적 느낌 삼각형, 둥근형에 어울리며 길이를 짧게 그리는 것이 좋다.

Tip 승무원이 삼가야 할 눈썹 모양

물론 자신의 얼굴형과 어울리는 눈썹 모양을 그리는 것이 가장 본인의 이미지를 표현하는데 효과적이겠지만 승무원을 준비하기 위해서는 승무원다운 이미지를 만드는 것이 우선적으로 필요하다. 따라서 너무 얇게 그려 지나치게 나이 들어 보이거나 섹시한 이미지, 눈썹 꼬리가 쳐져서 다소 우울한 인상을 주는 이미지, 그리고 치켜 올라가 사납게 보여지는 이미지는 승무원 메이크업으로는 적당하지 않음을 명심해야 한다.승무원은 부드러운 인상을 주는 것이 바람직하므로 눈썹 산의 위치를 정하되, 각은 만들지 않도록 해 곡선을 유지하는 것이 필요하다.

(2) 눈 메이크업(Eye Make -Up)

① 아이섀도(Eye Shadow)

눈꺼풀에 색의 음영을 이용하여 입체감 있는 눈매를 연출한다.

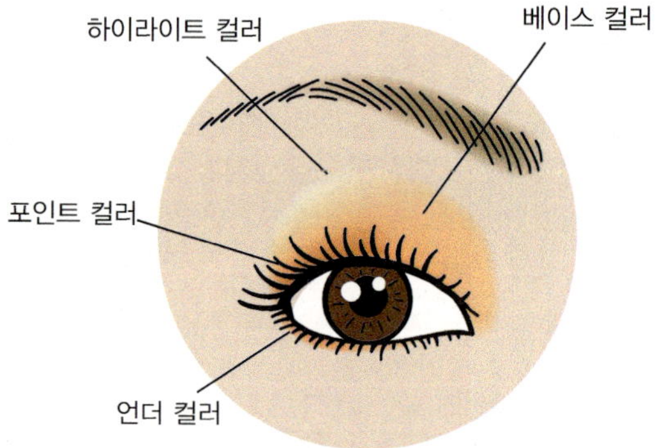

• 하이라이트 컬러(Highlight Color)

팽창효과가 있으며 섀도 컬러와 조화를 이룸으로써 윤곽을 만들어 낸다.

돌출되거나 넓게 표현하고자 할 때 눈두덩이의 중앙이나 가장자리, 쌍꺼풀의 중앙부위에 사용

• 베이스 컬러(Base Color)

아이섀도의 주 색상을 나타내는 부분이다.

눈두덩 전체에 도포하는 색으로 눈을 떴을 때 2~3mm정도 보이게 바르는 것이 일반적이다. 포인트 컬러를 돋보이게 해준다.

• 포인트 컬러(Point Color)

눈의 깊이감을 주어 눈매를 강조하는 역할을 한다

색상은 의상색에 맞추어 선택하고 쌍꺼풀 부위와 언더섀도 부분에 도포한다.

색상과 사용법에 따라 이미지를 우아하게 혹은 샤프하게 보이게 한다.

• 언더 컬러(Under Color)

눈 밑의 라인에도 위 눈꺼풀의 색상을 발라주어 다양한 이미지를 표현한다

아랫 눈꺼풀에 꼬리에서 머리 쪽으로 그어준다.

승무원 아이섀도의 색조는 일반 메이크업보다 제한이 따르는데, 피부색 뿐만 아니라 유니폼 색상도 고려해야 한다. 가장 선호하는 컬러로는 핑크 계열과 블루 계열이며 계절에 따라 브라운 계열과 그린 계열도 많이 사용하고 있다.

■ 피부별 승무원 메이크업의 아이섀도 색상

피부 종류	추천 컬러	
흰 피부		채도가 낮은 흐릿한 파스텔 계열보다는 밝고 선명한 컬러를 선택한다. 명도 높은 선명한 핑크나 옐로우도 괜찮으나 옐로우 사용 시에는 입술과 볼 화장을 생기 있어 보이는 컬러를 선택해 창백해 보이지 않도록 주의한다.
노란 피부		옐로우, 옐로우 빛이 감도는 골드나 연두색을 피하고 한 단계 밝고 화사한 컬러로 포인트를 준다. 그레이빛의 블루, 블루그린, 피치계열을 선택한다.
붉은 피부		붉은 기운을 최대한 감추기 위해서는 차가운 계열의 베이스 메이크업과 섀도를 사용한다.스카이 블루, 라벤더 계열이나 그린 계열도 좋다. 피부를 더욱 붉게 보이는 레드 계열은 절대 금물이다.
어두운 피부		우선 피부톤을 밝게 표현해 준다.바이올렛이나 퍼플 계열은 까무잡잡한 피부의 매력을 살려줄 수 있다. 그 외 쌍꺼풀 부위를 강조하는 펄 화이트나 핑크, 채도가 낮은 옐로우,선명한 오렌지 컬러도 적합하다.

Tip 눈두덩이 두툼하고 작은 눈의 아이섀도는?

쌍꺼풀도 없고 눈두덩은 두툼한 눈에 아이섀도를 잘 했다가는 부어 보이기 십상이다. 컬러는 베이지 계열이나 수축해 보이는 차가운 계열로 고른다. 브라운 톤은 눈이 더 작아 보이므로 피한다.

■ 눈 형태별 특징과 아이섀도 연출법

종류	특징	
작고 쌍커풀이 없는 눈	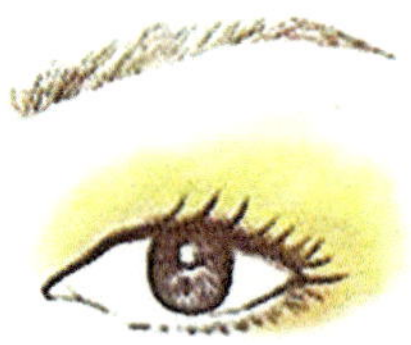	눈을 크게 보이도록 하기 위해서 눈꺼풀 전체에 밝은 색상의 아이섀도나 펄감이 풍부한 아이섀도를 선택하여 눈 길이가 길어 보이도록 눈꼬리 쪽으로 짙은 색상의 아이섀도로 포인트를 크게 잡아서 그려주거나, 쌍꺼풀 두께만큼 포인트를 넓게 발라 아이 홀 부분까지 그라데이션 해준다. 또한, 눈썹 뼈 부위에 하이라이트를 강하게 주어 입체적인 눈을 표현해 준다. 언더라인에도 눈꼬리에서 1/3 정도 되는 부분부터 꼬리까지 짙은 아이섀도 색상을 길게 빼주면 눈이 커 보이는 효과가 있다.
큰 눈		아이섀도를 한 가지 색상으로만 사용하여 분위기 있는 눈으로 표현하는 것이 가장 중요하며, 눈 주위에는 포인트를 주지 않고 진한 색보다는 연한 색을 선택하여 눈매를 자연스럽게 표현하는 것이 효과적이다.
눈두덩이가 수북한 눈	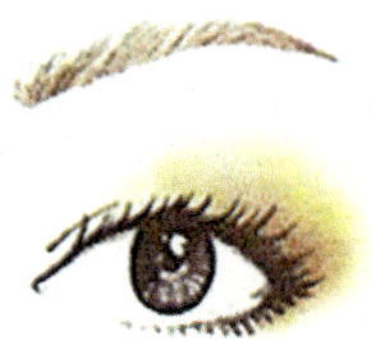	펄이 없는 매트한 질감에 차가운 계열의 색상을 옅게 그라데이션 해주고 하이라이트 부분을 밝게 발라준다. 또는 어두운 색상으로 펴 발라주어 눈 전체가 축소되어 보이도록 하며, 수축되어 보이는 아이섀도로 눈두덩이 얇아 보이는 것에 중점을 둔다. 단, 붉은 기의 색상은 피하는 것이 좋다.
눈두덩이가 움푹 들어간 눈		펄이 들어간 밝은 색상으로 아이 홀 중앙 부분에 하이라이트 주면 눈이 나와 보이는 효과가 있고, 밝은 색상 계열로 꼬리를 올려 눈매를 강조한다. 특히 붉은색 계열의 색은 눈을 나와 보이게 하는 효과가 있다.

종류	특징	
꼬리가 처진 눈		눈꼬리에 포인트 컬러를 상향 방향으로 그라데이션하여 시선을 올려주고,아이섀도 색상은 따뜻한 계열보다 찬 느낌의 한색 계열을 사용하는 것이 좋으며, 눈꼬리 밑에 하이라이트를 주면 효과를 극대화할 수 있다.
꼬리가 올라간 눈	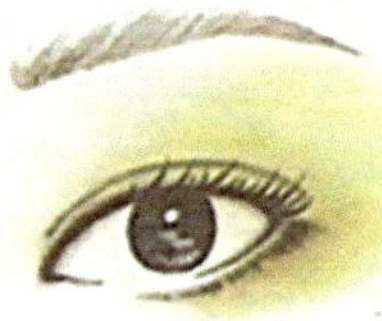	눈 앞머리와 눈꼬리 밑에 포인트를 주고 자연스럽게 그라데이션하여 눈매를 강조하지 않으며, 밝은 색상의 아이섀도를 선택하여 날카로운 인상을 부드럽고 온화하게 보이도록 한다.
쌍꺼풀이 있는 눈		눈 위의 선명도를 위하여 감추어진 라인을 포인트 컬러로 섬세하게 처리하고 자연스러운 섀도와 중간 톤 색상을 부드럽게 그라데이션 해준다.
양 미간이 넓은 눈		진한 섀도 색을 사용하여 눈 앞머리 위에서 콧대 방향으로 포인트를 주어 눈과 눈 사이의 간격이 좁아 보일 수 있도록 해주며, 눈꼬리 쪽으로 밝은 색 섀도로 그라데이션 해준다.
양 미간이 좁은 눈	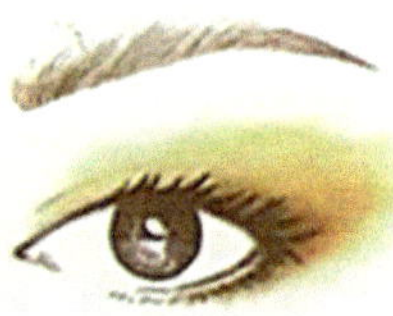	밝고 화사한 색상으로 눈 앞머리에서 중간까지 발라 눈과 눈 사이가 넓어 보이도록 하며, 짙은 색상을 사용하여 눈꼬리 부분으로 포인트를 주어 깊이 감 있게 발라주고, 눈 밑 언더라인에도 눈꼬리 바깥쪽으로 아이섀도를 발라준다.

자료 출처: 이강미,김유정,김찬수,현경화,서은혜(2014). 메이크업베이직』.구민출판사.pp150~154

② 아이라이너(Eye -liner)

초보자의 경우 눈 모양에 따라 라인의 선을 매끄럽게 표현하기란 너무나 어려울 뿐만 아니라 라인을 그려도 눈을 떴을 때 보이지 않는 눈매, 또렷한 눈매지만 서툴게 그려 삐뚤어진 눈매 등 메이크업 중에서도 연출하기가 어려운 부분이다. 먼저, 자신의 눈 형태에 가장 적합한 제품을 선택하는 것이 중요하다.

■ 아이라이너의 종류별 특징과 사용법

종류	특징	
리퀴드 아이라이너		액상타입으로 눈매를 가장 또렷하고 선명하게 표현할 수 있으며 펜슬 타입에 비해 번짐이 없으며 라인이 오래가는 장점이 있다. 그리는 선의 굵기에 따라 눈매의 수정 또한 용이하다. 눈 앞쪽,가운데, 눈꼬리로 나눈 뒤 가장 먼저 눈의 중앙에서 그리기 시작한다. 눈 중앙 ➜ 눈꼬리 눈 앞머리 ➜ 눈 꼬리 방향으로 한번에 마무리한다.
펜슬 아이라이너		리퀴드 타입의 아이라이너의 비해 그리기 쉽고 휴대가 용이하나 번지기 쉬워 수정이 필요하기도 하다. 초보자의경우 펜슬 타입을 주로 권하지만 눈의 자극을 통해 잔주름이 형성되기도 하므로 사용 시 주의한다. 속눈썹 사이 사이를 메꾸어 나가듯이 매끄럽게 그려주며, 눈의 꼬리 부분부터 눈의 앞머리 부분의 방향으로 그려주는 습관이 좋다.
케이크 아이라이너		자연스러운 라인이 특징이며, 물이나 스킨을 아이 브러쉬에 묻혀 제품을 희석시켜 사용해 다소 번거로움은 있지만 쌍겹이 두터운 눈이나 지방이 많은 눈매의 경우 효과적인 타입이다. 그리는 방법은 리퀴드라이너와 비슷하며 좀더 빠르게 마무리를 해준다. 희석된 물의 양에 따라 건조되는 속도와 농도가 다르게 표현되므로 알맞게 조절해 준다.
젤 아이라이너		리퀴드와 펜슬라이너의 중간제형으로 번짐이 없고 지속력이 우수하고 방수성을 가지고 있으며, 브러쉬를 이용해 깊은 눈매와 선명한 라인을 그릴 수 있다
붓펜 아이라이너		광택이 없어 자연스러운 표현을 할 수 있으며, 초보자들이 사용하기 편리하다

아이라인은 가느다란 선 하나로 얼굴의 이미지를 나타내는데 중요한 역할을 한다. 눈을 선명하게 보다 뚜렷하게 표현하고 눈의 크기를 결정하며 눈의 형태를 수정할 수 있으므로 라인을 조금 올려주고 내려줌에 따라 자기 눈의 결점을 해결할 수 있다. 눈을 크게 강조하고 싶을 때에는 눈 위 아래 점막 안에도 펜슬로 아이라이너를 그리면 훨씬 크고 매혹적인

눈매를 연출할 수 있다. 그러나 승무원 면접 시에는 자칫 강한 인상을 줄 수 있으므로 유의해야 한다. 또한 눈이 작은 사람이 눈을 크게 보이기 위해 흰색 펜슬을 이용해 눈 아래 라인 점막 안에 흰색의 펜슬을 그려주면 눈이 훨씬 크게 보이고 시원해 보이는 효과를 볼 수 있다. 위쪽에 비중을 두고 그리면 눈의 위치가 높아져 어른스럽게 보이고 눈의 형태가 더욱 뚜렷이 보이는 효과가 있다.

■ 눈매에 따른 아이라이너 그리기 노하우

종류	특징	
지방이 많은 눈	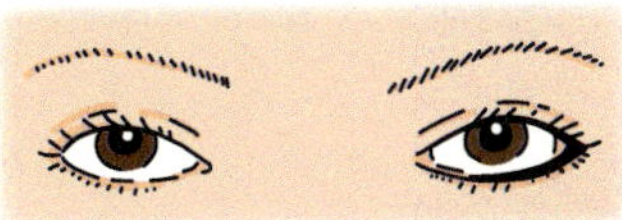	지방이 있어 부어 보이는 눈매에 신경을 쓰다 보면 자꾸 두텁게만 그리기 되는데 눈꼬리 부분을 길게 빼주어 눈매가 길고 시원해 보이도록 한다.
모양이 작은 홑꺼풀 눈	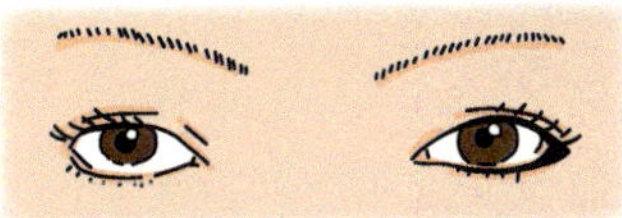	작은 눈을 커 보이게 하는 방법으로 다른 눈에 비해 라인을 다소 두텁게 그리며 눈 앞머리보다 눈 꼬리 부분을 진하게 그린다. 단, 눈꼬리부분 아래 라인은 다크 브라운 컬러의 섀도우를 눈의 윗 라인과 떨어지게 터치하여 눈의 윗 부분과 연결되지 않게 해준다
꼬리가 올라간 눈	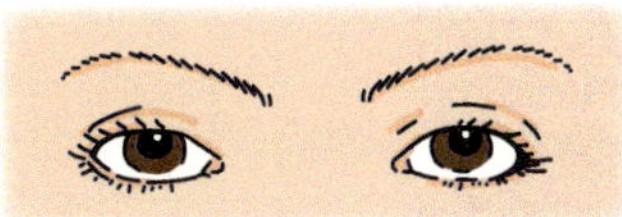	자칫 사나워 보일 수 있는 눈이다. 아이라이너의 끝 마무리를 약간 내려서 그려준다. 라인을 얇게 그려 눈꼬리가 너무 강조되지 않고 자연스럽게 보이도록 해주는 방법이 효과적이다.
꼬리가 내려간 눈	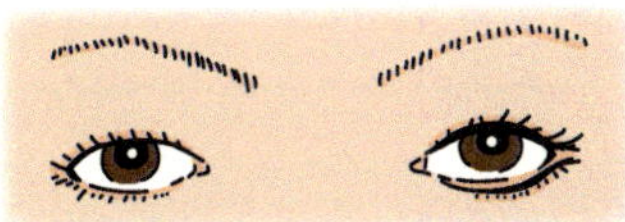	아이라이너의 끝 부분을 올려 그려주는데 절대로 끝부분만 올려서 그리지 않는다. 아이라이너를 마무리 할 때 눈 꼬리를 살려서 위로 살짝 빼준다. 눈 꼬리의 2/3 부분부터 둥글게 올려 그려주는 것이 포인트.
크고 둥근 눈		눈이 더 둥글게 보이지 않게 하기 위해 눈동자 중간부분은 생략하고 눈 앞머리와 눈 꼬리 부분에만 선명하게 그려준다.
가늘고 긴 눈	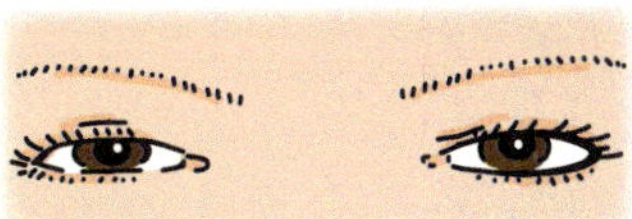	눈동자 중앙 부분을 도톰하게 그려주어 눈이 동그랗고 더 크게 보이도록 하고 눈 앞머리와 눈 꼬리 부분은 자연스럽게 그려준다.

자료 출처: 황은임(2013), 첫인상 호감도 상승을 위한 얼굴 수정메이크업 디자인 제안에 관한 연구, 한성대학교 예술대학원 석사학위논문

③ 마스카라(mascara)

마스카라는 눈매를 깊이 있게 그윽하게 표현하고 속눈썹을 보다 짙고 길게 하여 여성미를 강조하는 역할을 한다.

먼저, 마스카라의 완성도를 높이기 위해 마스카라 사용 전에 아이래쉬 컬러(비올라)를 이용해 자연스러운 컬을 만들어 준다.

아이래쉬 컬러을 사용하는 방법은 시선은 무릎을 본 채 속눈썹 안쪽으로 한번 힘있게 컬을 한 다음 중앙부분, 마지막으로 속눈썹 끝 쪽에서 컬을 한다. 이렇게 3단계로 나누어서 컬을 해야 자연스러우며 컬을 오래 지속시킬 수 있다.

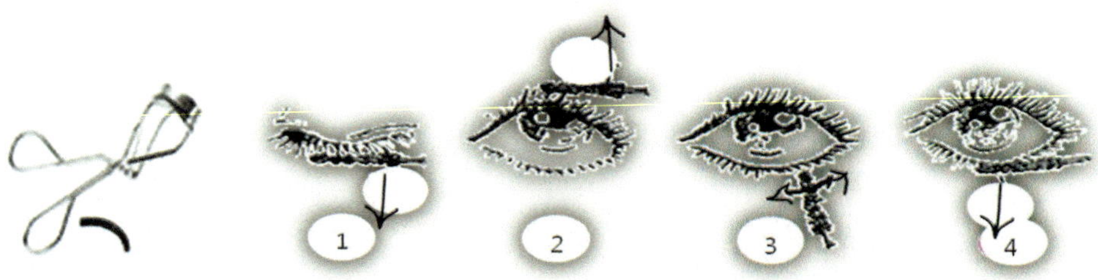

1단계 : 윗눈썹부터 위에서 아래로 3~4회 쓸어 내려준다.

2단계 : 아래에서 위로 3~4회 쓸어 올려준다.

3단계 : 아래속눈썹은 세워서 좌우로 3~4회 쓸어준다.

4단계 : 위에서 아래로 다시 쓸어 내려준다.

Tip 속눈썹 별 뷰러 사용법

짧은 속눈썹은 심하게 컬링할 경우 더 짧아 보일 수 있으니 주의한다. 먼저 뿌리와 중간을 2등분하여 집어주는데 속눈썹을 당긴다는 느낌으로 사용해야 편하다.

굵고 긴 속눈썹은 안쪽으로 최대한 넣어 전체적으로 집어주고 세 등분으로 나눠 부분 뷰러를 사용하는 것이 좋은 방법이다

힘없이 처진 속눈썹은 베이스를 먼저 발라 준 후에 뷰러로 컬링을 한 다음, 세번 정도 컬링을 반복해 준 후 마스카라를 최대한 살살 사용하면 컬링을 오래 유지할 수 있다.

쉬어가는 페이지

아하~ 그렇군요!

타입 별 마스카라

마스카라의 종류는 굉장히 많지만 크게 다음 세 가지로 분류할 수 있다. 자신의 눈썹에 맞는 마스카라를 선택한다면 훨씬 아름다운 눈매를 연출할 수 있다.

① 잘 번지는 눈에는 워터 푸루프 타입

유난히 잘 번지는 사람 외에도 덥고 습한 날씨에는 일명 '팬더 눈' 이 되기 쉽기 때문에 필히 방수 타입의 제품을 사용해야 한다.

방수타입 마스카라에 함유된 특별한 성분이 수분을 견뎌내고 오래 지속되도록 도와준다. 그러나 마스카라에 함유된 강력한 합성물(방수를 위한 성분) 때문에 속눈썹이 건조해질 수 있으므로 매일 바르는 것은 좋지 않다. 마스카라를 지울 때는 오일 베이스의 메이크업 리무버를 사용해야 한다.

② 속눈썹 숱이 적다면 볼륨 마스카라

마스카라에 함유된 색소, 왁스, 그리고 필름이 눈썹을 풍성하게 만들어 주기 때문에 숱이 적은 속눈썹에 사용하기 알맞다. 마스카라 브러시에 달려 있는 촘촘하게 박힌 털이 속눈썹 사이사이들 메워주어 두껍게 발리도록 한다.

③ 속눈썹이 짧다면 롱래쉬 마스카라

특별한 필라멘트형 필러가 들어 있어 속눈썹이 자연스러우면서 길어 보인다. 기존 마스카라보다 농도가 옅기 때문에 얇게 발리는 것이 특징. 마스카라 브러시 몸체에 널찍하게 박혀 있는 가느다란 털이 속눈썹을 더욱 선명하게 만들어 준다.

(3) 입술메이크업(Lip Make –Up)

① 립스틱의 역할

- 혈색 부여 – 본래 입술의 색은 맑은 피부를 통해서 보이는 고운 혈색과 같다. 이를 표현하기 위해 예부터 붉은색이 사용되었으나 문명이 발달하면서 색채 또한 개발되어 각자의 개성에 맞는 얼굴의 액센트 컬러로 자리잡게 되었다.
- 입술 보호 – 입술은 수분과 피지를 분비하지 않는 얼굴의 일부분으로서 피부도 아니고 입의 내부와 같은 점막도 아닌 매우 특별한 부위로 예민해서 여름에는 햇볕에 쉽게 타고, 추운 계절에는 피부보다 먼저 트게 된다. 그러므로 항상 립 크림이나 립스틱을 발라서 입술을 보호해 주어야 한다.

② 승무원 립 메이크업의 색상 선택

립스틱의 색상은 아이섀도 색상과 잘 어우러져야 한다. 립스틱 색상이 맘에 든다고 해서 아이섀도 색상과 무관하게 발라 버리면 촌스러운 메이크업이 될 수 있다. 평소 눈 화장을 짙게 한다면 립스틱 컬러는 연한 색이나 중간 정도의 색상을 선택하고 눈 화장이 심플하다면 밝은 색이니 짙은 색 모두 좋다.

■ 피부별 승무원 메이크업의 립스틱 색상

피부 종류	추천 컬러	
흰 피부		피부의 투명함을 돋보이게 해주는 비비드 핑크나 피치 계열이 좋다.
노란 피부		붉은 빛이 들어간 오렌지나 핑크 계열이 좋다. 베이지나 펄이 들어간 색상은 더 노랗게 보이므로 피한다.
붉은 피부		옐로우, 붉은기가 많은 색상은 피하고, 펄 핑크나 라벤더 계열 위에 옅은 립글로스를 바른다.
어두운 피부		너무 옅은 누드 계열은 까만 피부를 더욱 강조한다. 퍼플이나 오렌지가 좋으며 펄이 들어간 차가운 느낌의 베이지나 핑크도 어울린다.

Tip 얇은 입술 도톰하게 만들려면?

어두운 색을 사용하면 부피감이 덜해 더 얇아 보이므로 밝은 톤이나 중간 톤의 립컬러를 선택하는 것이 좋다. 대신 펄감이 있는 립글로스와 크리미한 립스틱을 사용하면 입술에 막을 형성해 입술이 볼륨감 있어 보이는 효과가 있다.

(4) 볼 메이크업(Cheek Make -Up)

볼은 얼굴 중 가장 넓은 면적을 차지하는 부위이다. 그래서 여기에 색을 얹는 것만으로도 얼굴색은 순식간에 밝아진다.

볼터치를 하기 위해서는 블러셔라는 제품이 필요한데, 종류가 다양하다. 크게 파우더 타입, 크림 타입, 젤 타입 3가지로 나눌 수 있다.

- 파우더 타입 – 가루를 뭉쳐 놓은 형태로 가장 바르기 편하다.
- 크림 타입 – 피부가 건성이거나 촉촉한 걸 좋아한다면 적합하지만 잘 지워진다는 단점이 있다.
- 젤 타입 – 얇게 발리고 자연스러워 보이지만 쉽게 얼룩덜룩해지고 바르기 어렵다.

자신의 얼굴형에 맞는 블러셔 방법을 택해야 얼굴형이 커버될 수 있다.

MEMO

■ 얼굴형에 따른 블러셔의 방법

달걀형	둥근형
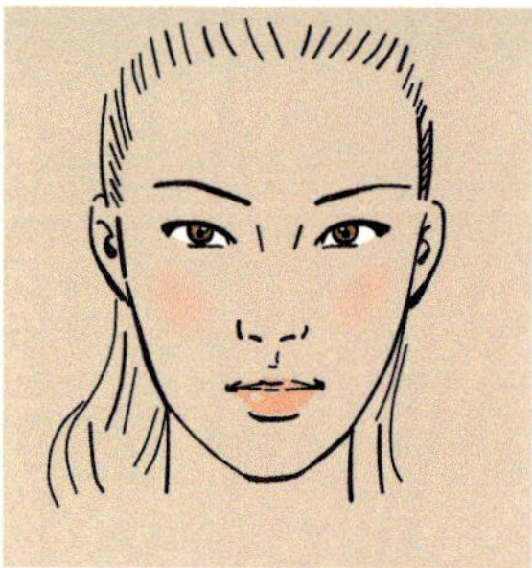	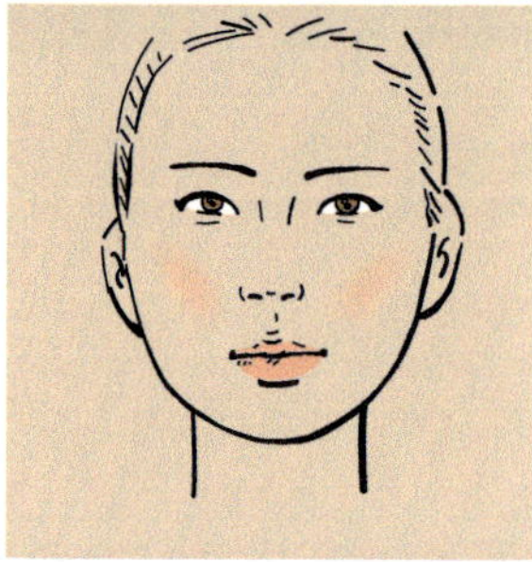
광대뼈 부분에 둥글게 부드러워 보이도록 블러셔를 사용하되 진하지 않게 하는 것이 포인트이다.	볼 가운데만 블러셔를 하는 경우 둥근 얼굴이 더욱 동그래 보인다. 광대뼈 위쪽에서 아래로 약간 사선으로 볼터치를 한다. 앞쪽으로 갈수록 컬러를 연하게 넣는 것이 노하우. 단, 눈길이를 벗어나지 않도록 한다.
각진형	**긴형**
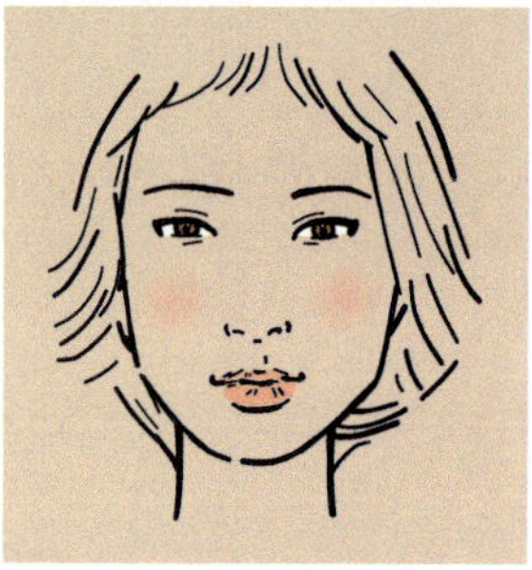	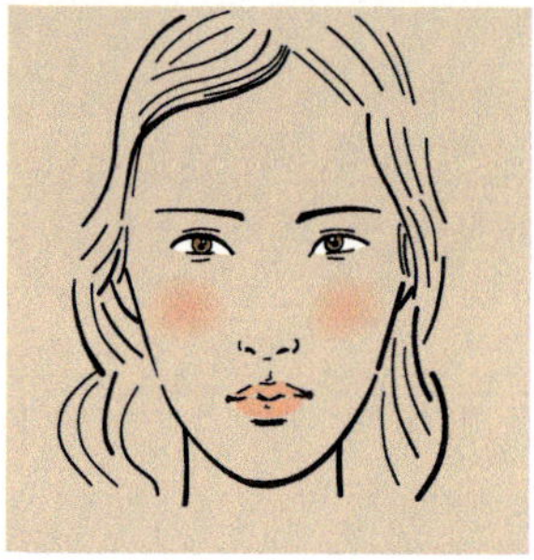
위에서 아래로 네모난 턱이 둥글게 보일 수 있도록 볼터치 한다. 조금 더 동그랗게 보이고 싶다면 턱선 가장자리인 귓불 뒤에 브러시를 대고 서서히 앞쪽으로 그라데이션한다.	사선방향으로 하지 않는다. 귀 중심 부위보다 약간 위 쪽의 볼 끝부분에서 3~4회 원을 그리 듯 돌려준 후 얼굴 안쪽으로 일직선으로 터치한 후 그라데이션 시켜준다.

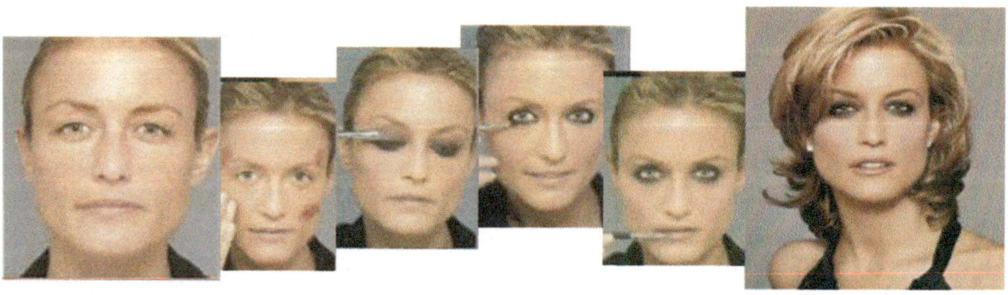

쉬어가는 페이지

아하~ 그렇군요!

승무원메이크업의 변화

승무원의 과거 메이크업 트렌드는 어땠을까? 승무원 메이크업의 과거와 현재의 패턴을 이해해 보자.

Before 과거에는 대체로 화장이 진하고 두꺼웠다. 피부는 자신의 컬러보다 한 톤 밝게 화장을 해서 얼굴이 커 보이는 부작용이 있었고 그것을 커버하기 위해 짙은 색의 치크를 해서 두꺼운 화장이 되었다. 아이섀도는 오렌지, 브라운, 퍼플 계열을 사용해 눈의 깊이를 주었고, 립스틱 색상도 붉은 컬러를 사용해 전체적으로 거의 분장에 가까운 화장을 했다.

After 요즘엔 피부톤과 어울리는 파운데이션 컬러를 바르고 부담스러운 두꺼운 베이스를 피하며 뽀얀 화장보다는 피부의 질감을 살리는 매끄럽고 윤기있는 피부를 만드는데 주력을 한다.

아이섀도는 유니폼과 조화를 이룰 수 있는 파스텔 톤을 주로 사용하여 핑크, 코랄, 브라운, 베이지 등을 선호하며 은은하게 표현한다. 립스틱은 자연스러운 색을 선택하되 짙은 붉은 색은 트렌드와 거리가 있다. 과도한 윤곽수정도 금물이다. 혈색을 살려주는 정도의 핑크나 살구빛 치크로 마무리 한다.

03 헤어 이미지

헤어스타일이란 헤어모양이나 헤어풍을 말하는 것으로 헤어두(Hairdo)라고도 하며 신체를 장식하는 하나의 방법으로 얼굴의 형태나 유형에 따라 여러 가지 스타일로 변화될 수 있다.

헤어 스타일은 승무원의 이미지를 구성하는데 매우 중요한 요소이다. 얼굴을 아름답게 표현하려면 얼굴과 인접해 있는 헤어스타일의 역할이 중요하며 얼굴형태에 어울리는 헤어스타일은 자신의 외모 이미지를 향상시키는데 필수요건이라 할 수 있다. 외관상 이미지 요소로서뿐만 아니라 단아하고 깔끔한 헤어는 기내에서 식음료 서비스를 제공하는 승무원에게는 위생과 청결의 서비스 요소이기도 하다. 각 항공사 마다 규정하고 있는 헤어 스타일은 비슷하며 지나친 염색이나 탈색, 숏커트, 요란한 장식핀, 보석핀은 피하도록 한다. 헤어스타일 별 규정 사항을 정리하면 다음과 같다.

1 항공사 헤어 규정

(1) 커트 머리

앞 이마를 가리지 않도록 하며 무스나 헤어 젤 등을 이용하여 머리카락을 귀 뒤로 깔끔하게 넘긴다. 이때 뒷머리가 가라앉지 않도록 드라이나 세팅으로 조금 띄어주도록 한다.

(2) 단발 머리

이마를 가리지 않도록 하며, 귀 뒤로 넘긴다. 뒷머리가 깃에 닿지 않도록 안으로 말아 넣도록 한다.

(3) 쪽 머리

쪽 머리를 할 경우 무조건 뒤로 넘기기보다는 얼굴형에 따라서 가르마를 나누어 본다. 또한 무조건 뒤로 탄탄하게 넘기는 것보다는 자연스럽게 머리 위 부분을 0.5~1mm 정도 띄워 주는 것이 더 자연스럽다.

2 쪽머리 하는 방법

쪽머리 하는 방법 중에서 가르마 없이 봉긋 띄우는 헤어를 연출하는 방법이다. 단, 얼굴형이 긴 사람은 많이 띄우면 얼굴이 더 길어 보이므로 유의한다. 얼굴이 동그란 사람도 옆 가르마 타는 것을 추천한다.

준비물 : 가는 빗, 실핀, 검정색 고무줄, 망, U자 핀4~5개, 스프레이

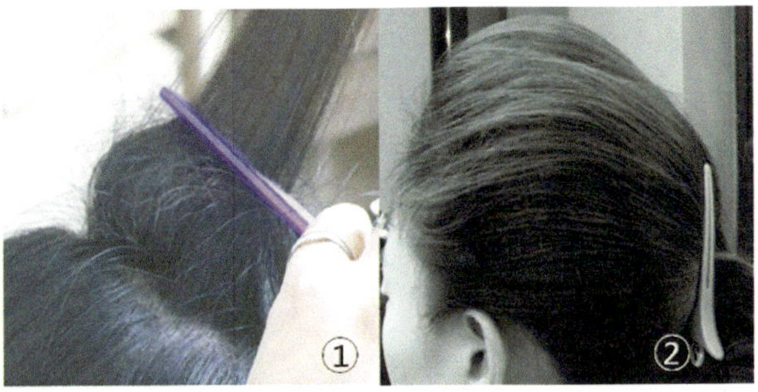

① 머리의 중간 부분의 머리카락을 약간 잡아서 가는 빗으로 솎아준다. 이때 솎는 방법은 머리카락을 위로 당기듯 잡아놓고 위에서 아래로 빗어주면 된다. 빗을 수평으로 놓고 빗는 것 보다 세워서 빗으면 더 잘 솎아진다.
심하게 하면 머리카락이 상할 수 있으니 조심한다.
이마 쪽으로 2cm정도만 남기고 솎아준 뒤 살짝 스프레이를 뿌려둔다.

② 솎지 않은 이마 쪽의 머리를 가지런히 잡아 올려 솎아 준 머리를 덮을 차례다. 이때 머리 숱이 적다거나 머리카락에 힘이 없는 사람은 헤어 스프레이를 뿌려 주는데 이마 쪽 머리카락을 위로 잡아당겨 뒤에서 앞쪽으로 뿌리 부분을 향해 스프레이를 분사한다.
경계가 지지 않도록 이마 쪽 머리로 솎은 부분을 잘 덮고 옆 머리는 가지런히 빗어준다

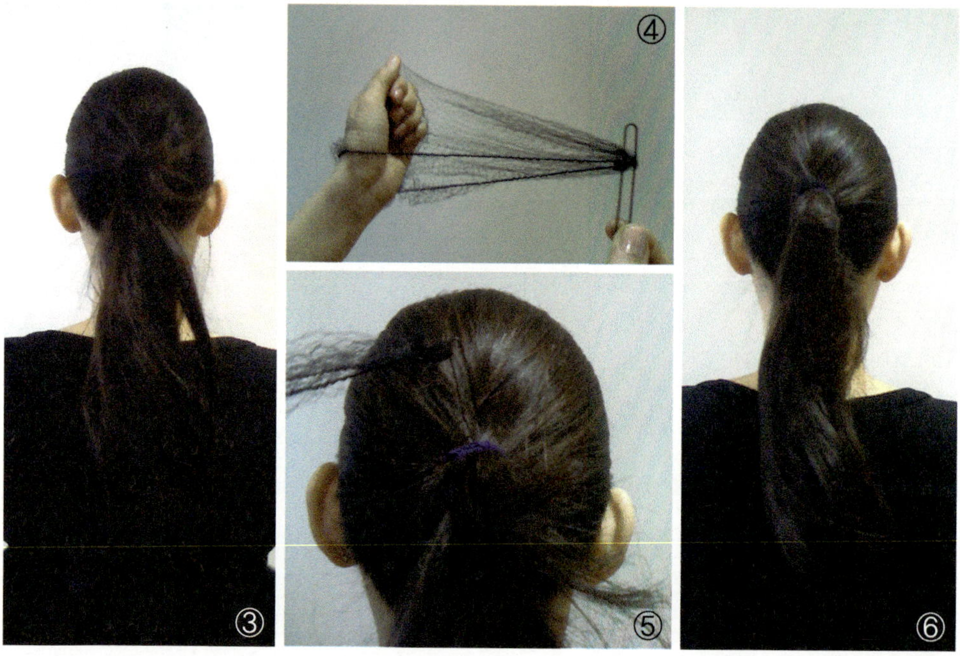

③ 머리가 흐트러지지 않도록 잘 묶어준다. 전체적으로 가볍게 스프레이를 뿌려 준다. 이 때 너무 많은 양을 뿌리면 딱딱하게 굳어져 예쁘지 않다. 소량만 사용할 것. 짧은 머리는 실 핀을 사용해 고정시킨다.

④ 망에 U자 핀을 꽂아 준비한다.

⑤ U자 핀을 머리 묶은 부분의 중간을 통과 하도록 꽂아준다.

⑥ 망 속에 묶은 머리를 넣어준다. 이 때 머리가 짧거나 숱이 없어 볼륨이 안 사는 경우엔 가채를 사용해도 좋다.

MEMO

⑦ 머리카락을 동그랗게 말아 준다

⑧ U자 핀을 2~3개 사용해 고정시킨다.

⑨ 완성된 모습

MEMO

3 얼굴형 별 볼륨 주기

쪽머리를 할 때 모발의 선과 모양새에 따라 여러가지 느낌으로 연출할 수 있지만 기본적으로 얼굴형을 커버하기 위해 사람마다 볼륨을 달리 줄 필요가 있다. 자칫 얼굴형을 무시한 채 정수리 부분을 과하게 띄운다거나 옆머리를 지나치게 붙이는 등의 연출로 얼굴 형태의 결점을 여지없이 드러내는 경우도 많다.

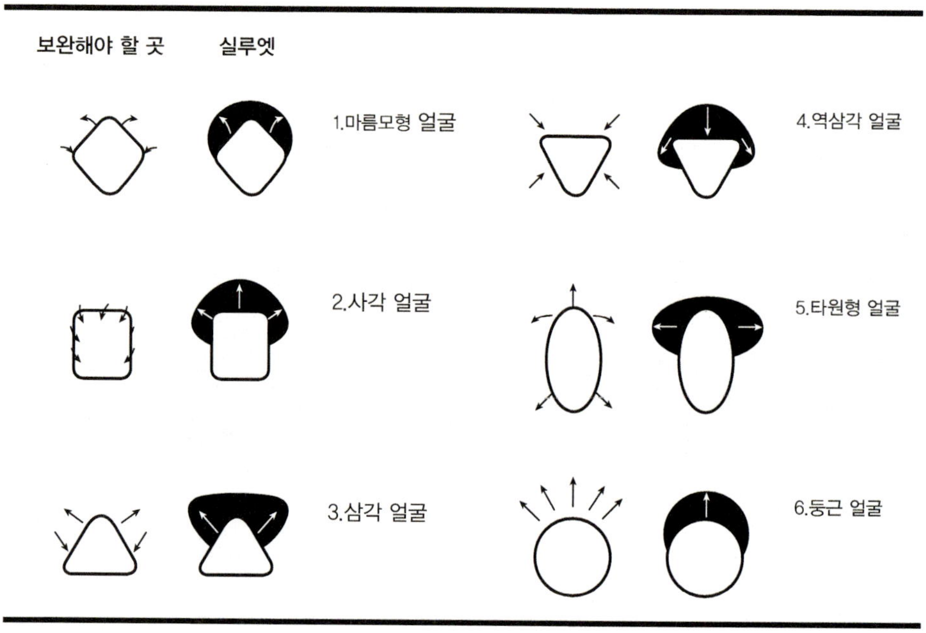

[그림 4] 얼굴형에 따른 헤어 볼륨

자료 출처: 한성진의 up&up

① 마름모형

얼굴에 광대뼈가 약간 나오고 살도 없는 스타일로 관능적이고 외향적 느낌을 주지만 얼굴 윤곽이 두드러지게 되면 성격이 차갑고 강하여 날카로워 보이므로 승무원다운 이미지를 위해서는 보다 쾌활한 분위기를 연출해 준다. 얼굴을 입체적으로 보일 수 있게 원형의 질감을 살려야 부드러워 보이고 얼굴이 작고 길게 보일 수 있다. 탑 부분의 볼륨을 살리고 턱 부분을 완만하게 표현해 줄 수 있는 스타일이 좋으며 옆 가르마는 턱 선이 더 날카로워 보일 수 있으므로 피한다.

② 사각형 얼굴

얼굴 폭의 길이가 비슷하고 넓기 때문에 평면적인 느낌을 준다. 하관이 튀어 나와 있어 생동감 있고 안정적이며 활동적인 이미지를 보이지만 양턱의 돌출로 인해 남성적이고 강한 인상을 주어 부드러운 이미지가 필요하다. 강한 느낌의 사각형의 보완을 위해서는 둥그스런 느낌으로 볼륨을 주고 부드러운 아웃라인을 잡아 둥근 입체감을 낼 수 있도록 해주어야 한다. 날카로운 인상이므로 언밸런스한 가르마도 잘 어울리나 복고형처럼 윗머리만 볼륨을 주는 스타일은 피한다.

③ 삼각형 얼굴

이마가 좁고 턱뼈가 나오거나 하관부에 살이 많은 얼굴형으로 상부에 양감을 주어 볼륨을 주어야 한다. 옆머리에 볼륨을 넣어 턱선 보다 넓게 해야 얼굴이 밝고 가볍고 부드럽게 보일 수 있다. 시선이 얼굴 위 쪽으로 올 수 있도록 탑을 강조하고 얼굴선을 가리지 말고 완전 노출시켜 부드럽고 시원하게 디자인 한다. 가르마를 탄다면 옆보다는 앞가르마가 잘 어울린다.

④ 역삼각형 얼굴

얼굴선 자체는 넓지만 귀밑부분부터 턱까지 삼각형으로 뾰족한 것이 특징이며 내츄럴 메이크업 시 소녀 이미지를 주며, 진한 메이크업 시 성숙한 이미지를 공유한다. 각이 진 얼굴 상부를 동그랗고 부드럽게 하는 것이 포인트다. 탑 부분은 볼륨을 살리고 가르마를 한다면 옆 가르마가 어울린다.

⑤ 타원형 얼굴

정적인 느낌으로 우아하고 성숙한 이미지를 주지만 실제보다 길어보이는 얼굴형이기 때문에 수평한 느낌으로 볼륨을 주어 길이를 축소해 보이도록 양감을 준다. 세로폭은 절대 강조하지 않는다. 옆머리는 사선이 아닌 가로선으로 빗어 양쪽에 볼륨을 주고 탑은 볼륨을 넣지 않는다.

⑥ 둥근형 얼굴

뺨에 살이 많고 이마와 턱이 좁은 얼굴형으로 통통한 뺨의 윤곽을 가름하게 하고 전체적으로 얼굴의 이목구비를 또렷하게 표현한다. 대체적으로 동양인의 얼굴형으로 어려보이면서 귀여운 이미지를 준다.

둥근 얼굴형의 헤어스타일은 수평선보다 수직선이 강조되는 스타일을 통해 좀더 세련되고 개성 있게 보이도록 연출해야 한다. 탑 부분에 볼륨을 넣어주고 옆머리를 빗을 때는 ⑤의 타원형과는 달리 아래쪽으로 내려 빗고 뒷머리 중앙을 피해 목덜미에 까지 내려 묶는다. 탑 부분에 볼륨이 들어간 옆 가르마 스타일도 둥근 얼굴형에 어울리는 스타일이라 볼 수 있다.

04 면접 복장

1 국내 항공사 면접 복장

(1) 블라우스

국내 항공사는 보통 흰 색 블라우스와 H라인 검정 스커트를 착용한다.

지나치게 장식이 많은 아이템을 시선을 분산시키고 깔끔한 이미지를 줄 수 없으므로 피하는 것이 좋다.

- 디자인 블라우스는 디자인이 다양하므로 기본적으로 반드시 4,5개 정도의 스타일을 입어 보고 선택해야 실수를 하지 않는다. 디자인이 대동소이하게 비슷해 보일지라도 목선의 깊이와 모양, 칼라의 모양과 크기, 단추의 배열 간격, 다트선, 소매의 기장과 어깨선의 위치 등에 따라 지원자의 강점이 잘 살 수도, 혹은 묻힐 수도 있기 때문이다. 마찬가지로 디자인의 선택에 따라 자신의 단점이 커버될 수도, 부각될 수도 있는 일이다.

자세한 사항은 뒤에서 다룰 체형 별 면접 복장을 꼼꼼히 참고하여 세부 디자인을 선택하는 것이 바람직하다.

- 색상도 본서의 앞 장에서 다룬 컬러 이미지를 참고하여 순백색을 선택할 것인지, 아이보리가 섞인 미색을 선택할 것인지 등을 신중히 고려하여 선택한다. 여름이나 겨울 이미지로서 차가운 색이 어울린다면 순백색을 선택해야 한다. 이러한 한(寒)색 계열의 사람들이 순백색을 입으면 깨끗하고 단정한 느낌을 줄 수 있으나 아이보리와 같은 따뜻한 색상을 입는다면 깨끗함보다는 누추하고 초라한 인상을 주기 쉽다. 반대로 봄이나 가을 이미지로서 따뜻한 색이 어울린다면 아이보리, 미색을 선택하도록 한다. 이러한 난(暖) 계열의 사람들이 순백색을 입으면 추워 보이고, 역시 초라해 보인다. 게다가 난색 계열 사람들이 줄 수 있는 푸근함과 편안함도 어필하지 못할 수 있는 것이다.

(2) 스커트

- 디자인 스커트는 검정색으로 기장은 무릎 위 약 5cm 길이로 하되 워킹의 편리를 위해 두는 트임은 뒤에 있는 것이 무난하다. 옆 트임은 자칫 정숙해 보이지 않을 우려가 있다.
  스커트는 블라우스에 비해 디자인이 그리 다양하지는 않지만 역시 체형을 고려한 디자인 선택이 필수적이다. H라인 스커트가 A라인 스커트보다 훨씬 세련되고 현대적으로 보이며 여성미를 잘 드러낼 수 있기 때문에 면접 복장으로 가장 선호되고 있다.
- 선택 요령 기본적인 선택요령은 구두와 마찬가지로 시선을 얼굴 이외의 곳으로 분산시키지 않는 것이다. 따라서 버클 장식이나 리본, 화려한 단추 등으로 처리된 스커트는 피하되 체형을 고려하는 것이 바람직하다.
  따라서, 스커트도 여러 종류를 입어보고 선택해 보자. 적은 차이지만 1cm의 길이감은 다리를 더 날씬하게 보일 수도, 더 휘어 보이게 만들 수도 있는 큰 차이이기도 하다.

(3) 구두

구두는 검정색으로 장식이 없는 정장구두를 착용한다. 굽은 신장에 따라 조금씩 조정이 가능하겠지만 일반적으로 7cm정도가 가장 다리선을 예쁘게 보이도록 하며 워킹에도 어색함이 없다. 또한 앞 코가 너무 뾰족하거나 뭉툭한 것은 피한다. 뭉툭한 앞 코는 다리선을 둔하게 보이는 효과가 있다.

액세서리로는 귀걸이, 시계 정도가 깔끔함과 세련미를 유지할 수 있는 아이템으로 그 밖의 액세서리는 지양한다. 귀걸이는 의상과 가장 완벽하게 매칭되는 진주가 보편적이고 시계 또한 화려한 장식이 없는 검은 색 가죽 소재가 가장 어울린다.

2 국외 항공사 면접 복장

특별한 규정은 없으나 일반적으로 스커트 정장이 무난하다. 색상은 본인에게 어울리는 색을 입되 신체사이즈나 피부색 등을 고려한다.

예를 들어 상체가 통통하다면 짙은 색으로 검정색, 곤색 등의 정장을 입는다. 이때 이너웨어까지 짙은 색을 입으면 이미지 자체가 어두워 보일 수 있으므로 탑이나 블라우스는 밝은 색상을 선택하며 흰 색이 가장 무난하다. 상체가 말랐다면 흰 색이나 아이보리 색 등의 밝은 색상 상의를 입어서 밝고 건강한 이미지를 주면 좋다. 그러나 브라운 계열은 자칫 노숙해 보이고 생동감이 없어 보이므로 피해야 할 컬러이다.

3 체형 별 면접 복장

면접 복장을 고를 때 아무렇게나 가격에 맞춰서, 혹은 본인의 취향대로 선택한다면 본인이 원하는 최상의 이미지는 얻기 힘들다. 똑 같은 흰 색 블라우스 같지만 그 나름대로의 색상, 질감에 따른 부피감, 디테일이 모두 다르다. 예를 들어 흰 단추가 있는 자리에 검은 색 단추를 대신한다면 깨끗한 느낌에서 선명한 느낌으로 변화한다. 같은 단추라도 넓게 드문드문 위치했을 때와 촘촘히 박힌 경우의 느낌도 사뭇 다른 것도 마찬가지다. 아주 작은 디자인의 차이는 우리 신체의 결점을 부각시킬 수도, 커버할 수도 있다는 얘기다. 특히 면접 복장에 있어서는 최대한 깔끔하고 단정하여 얼굴에 올 시선을 분산 시키지 말아야 한다. 따라서 흰 색 상의와 블랙 스커트로 규정하고 있는데 이 안에서 신체의 장점을 살리고 단점을 커버하기 위해서는 블라우스의 선택이 매우 신중해야 한다.

블라우스의 네크라인의 모양은 얼굴의 형태, 목둘레, 목길이에 따라서 많은 영향을 받게 된다. 네크라인은 의복 중에서도 얼굴에 가장 가까워 눈에 잘 띄는 부분이기 때문에 디자인에서 중요한 포인트가 되며, 칼라도 마찬가지로 얼굴과 신체의 완충역할을 하는 곳이므로 선택에 있어서 많이 고려해야 할 부분이다.

특히 차이나 칼라의 경우 목이 짧아 보이게 하고 얼굴이 커 보일 수 있으므로 피해야 할 디자인이다.

신체 특징 별 블라우스 선택 요령은 다음과 같다.

MEMO

(1) 목이 굵고 짧은 형

V네크라인이나 U네크라인을 활용한다. 리본 블라우스는 짧은 목을 더 답답하게 보일 수 있게 하며 시선을 목 부분에 집중시키므로 피하도록 한다.

액세서리는 절제하고 입술화장보다는 눈화장에 포인트를 줘 시선을 목 부분으로 오지 않게 한다.

허리 부분을 강조하는 스커트가 시선 분산에 효과적이다.

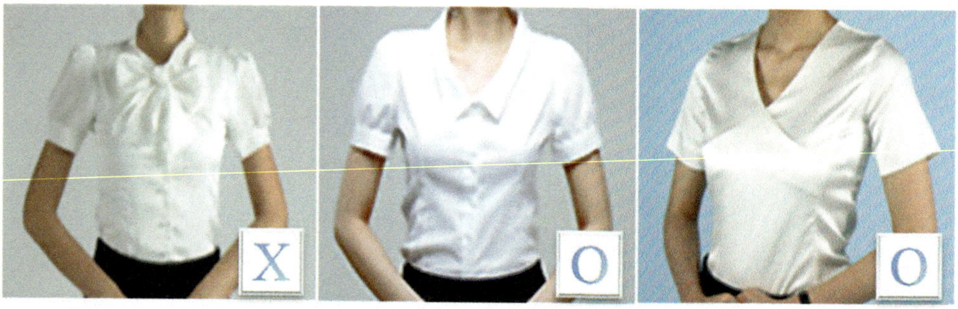

(2) 가슴이 작은 체형

가슴이 작은 체형은 왜소해 보이기 쉽다. 가슴 부분에 장식된 블라우스로 빈약함을 보완한다. 부피감이 느껴지는 소재를 선택한다.

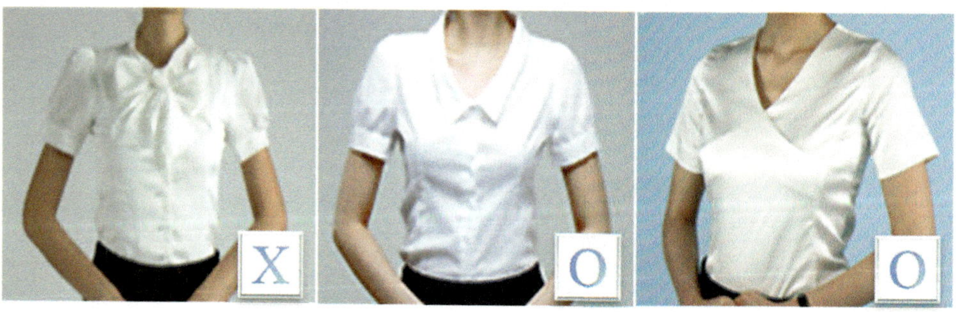

(3) 가슴이 큰 체형

지나치게 달라붙는 스타일은 피하고 가슴 부분에 악센트 없이 깔끔하게 처리된 블라우스를 선택한다. 펄감이 있는 소재는 팽창의 효과가 있으므로 적당하지 않다. 또 소매가 가슴라인에서 끝나는 디자인은 가슴 쪽으로 시선을 주게 되므로 피한다. 스커트는 좀 두꺼운 소재를 선택한다.

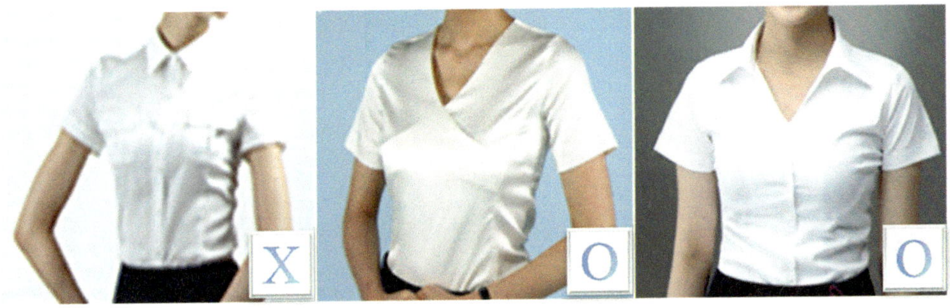

(4) 팔이 굵은 체형

소매는 길이가 다소 긴 스타일 중 타이트 하지 않은 것을 선택하나 퍼프 소매는 어깨가 강조되며 팔이 다 드러나므로 좋지 않다. 단추나 셔링을 이용해 몸체 가운데로 시선을 모으는 디자인이 체형을 보완할 수 있다.

(5) 어깨가 넓은 체형

어설프게 가리려고 하는 것보다 시원스레 노출시키는 것이 낫다. 장식은 피하고 V네크라인이 깊게 파인 스타일을 택한다. 혹은 어깨선이 안 쪽으로 들어간 블라우스는 어깨를 좁아 보이게 한다.

(6) 얼굴이 큰 체형

얼굴이 크면 어깨가 좁아 보이고 하체가 짧아 보일 수 있다. V네크라인을 깊이 파서 시원한 느낌을 주고 시선을 가운데로 집중시켜 얼굴이 작아 보일 수 있게 한다. 소매나 어깨에 볼륨이 있는 스타일도 좋은 코디다.

(7) 동그란 얼굴

얼굴이 동그라면 귀여운 이미지를 줄 수 있으나 셔츠 칼라까지 둥근 형을 매치하면 더 동그란 인상을 줄 수 있다. 조금 더 샤프하게 보이고 싶다면 깊게 파인 V 네크라인이나 각진 칼라의 셔츠를 선택한다.

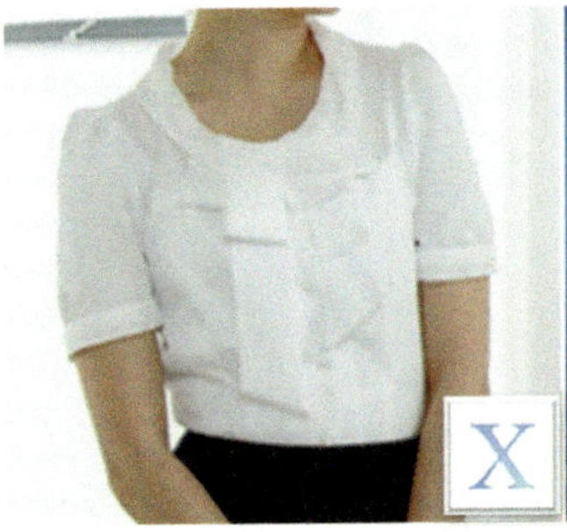

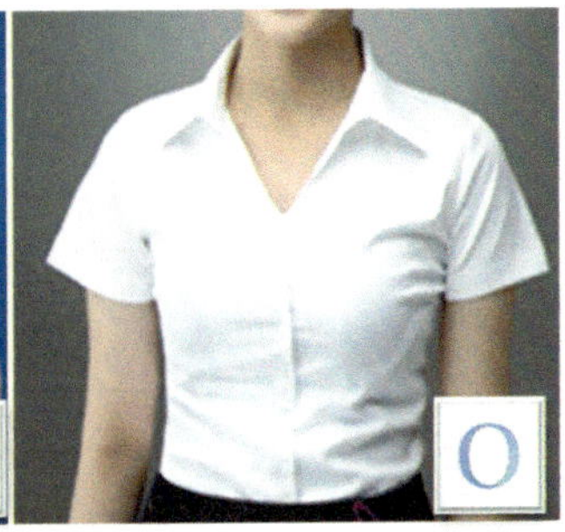

(8) 긴 얼굴

긴 얼굴에 길이감을 더해주는 의상보다는 가로선을 사용해 긴 느낌을 완충해 커버해 주는 것이 필요하다. 길게 늘어 뜨린 리본이나 깊은 V네크라인은 실패다. 옆으로 파인 보우트 네크라인이 긴 얼굴을 보완한다

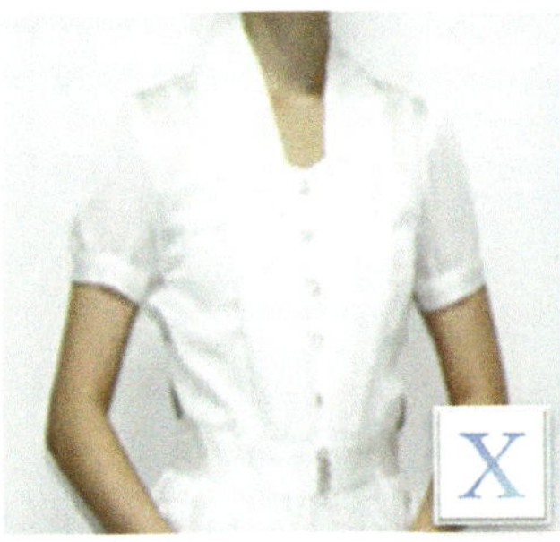

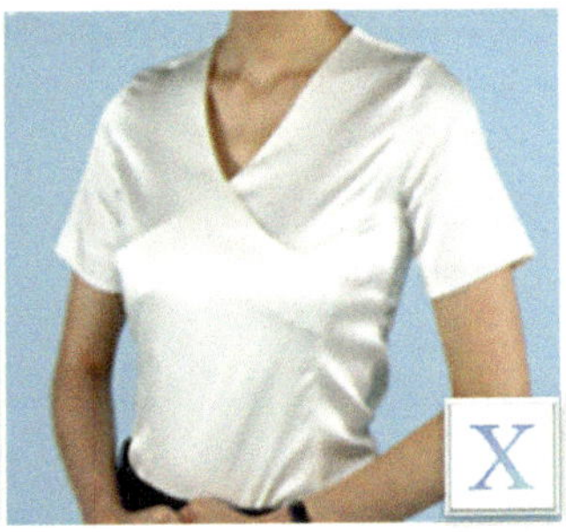

05 신체 이미지

승무원의 이미지 중 빼놓을 수 없는 것이 바로 곧게 뻗은 다리일 것이다. 항공사에서는 휘거나 지나치게 두꺼운 다리, 혹은 뼈만 앙상해 건강미가 없어 보이는 스타일보다는 균형 있고 곧은 다리를 선호한다. 면접 복장에서 스커트를 고집하는 이유도 바로 각선미를 보기 위함이다. 본 서에서는 스커트 라인 아래로 보여지는 부분을 보다 곧고 날씬하게 만들기 위한 관리방법을 알아본다.

1 다리 타입 진단

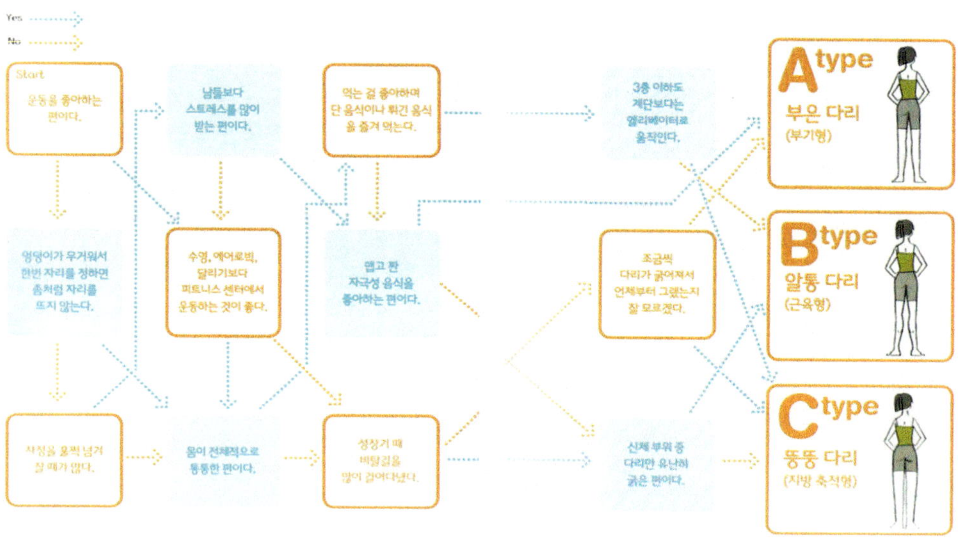

[그림 3] 다리타입 진단

(1) A type

원인은 다르지만 일반적으로 붓는 현상은 몸 안에서 잘 흘러야 하는 림프액이 잘 흐르지 못하고 멈춰 있거나 천천히 흐르기 때문이다. 이를 개선하기 위해 부기의 원인을 없애야 하고 스트레칭으로 다리 근육을 단련하면 림프의 펌프 기능이 높아져 수분을 줄일 수 있다.

(2) B type

근육이 발달한 다리로 근육을 단련시키는 격렬한 운동을 피한다. 마사지와 스트레칭으로 뭉친 근육을 풀어주면서 지방을 연소시키면 미끈한 달리 라인을 만들 수 있다.

(3) C type

다리에 살이 통통하게 오른 지방 축적형 다리. 대부분 몸이 전체적으로 통통한 경우가 많으므로 유산소 운동으로 몸 전체의 지방을 연소시키면서 스트레칭을 하면 다리 지방이 더 잘 빠진다. 스트레칭과 함께 식이요법을 병행해야 한다.

Tip 승무원의 적정체중

국내 항공사의 경우 '신장 –113kg'에서 ±3kg 정도를 표준으로 하고 있다.

해외 항공사는 이보다는 2~3kg 정도 많은 기준을 제시하는데 40kg 이하는 신장과 관계없이 탈락사유가 된다. 그러나 무엇보다 상체, 하체의 균형감이 중요하다.

MEMO

2 타입 별 관리 방법

(1) A type (부은 다리)

① 종아리 살 빼기

종아리 근육을 많이 사용하여 지방 분해가 쉬어진다.

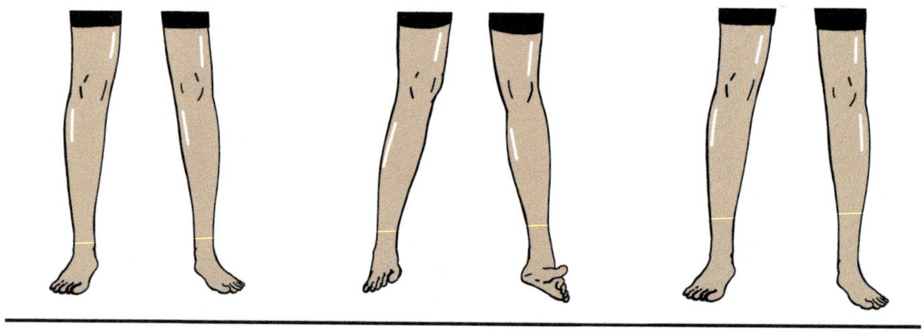

1 2 3

1. 얼굴은 정면을 향하고 양손은 허리에 댄 채로 다리를 어깨 너비만큼 벌려 준비 자세를 취한다.
2. 발바닥 안쪽을 들어 새끼발가락 쪽의 근육만 힘을 받도록 한 채로 5초간 서 있는다.
3. 숨을 내쉬면서 준비 자세로 돌아온다. 1.2.3.을 10회 반복한다.

MEMO

② 발목 부기 없애기

발목 앞쪽과 아킬레스건의 긴장을 풀어 근육이 피곤해서 생기는 부종을 막아주므로 날씬한 발목을 만드는데 도움을 준다.

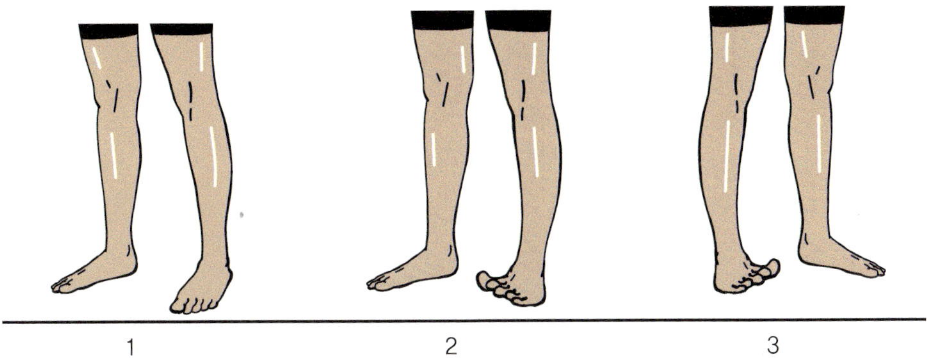

1. 얼굴은 정면을 향하고 양손은 허리에 댄 채로 다리를 어깨 너비만큼 벌려 준비 자세를 취한다.
2. 한쪽 다리의 발끝을 살짝 들어 올린다. 이 때 발뒤꿈치는 그대로 바닥에 닿도록 한다.
3. 다리를 바꾸어 다른 쪽 다리의 발끝을 살짝 들어 올린다.
4. 이 때 발뒤꿈치는 그대로 바닥에 닿도록 한다.

MEMO

(2) B type (알통 다리)

① 뭉친 종아리 근육 풀기

종아리 바깥쪽 근육을 잡아당겨 알통을 자극함으로써 뭉친 알통을 풀어준다.

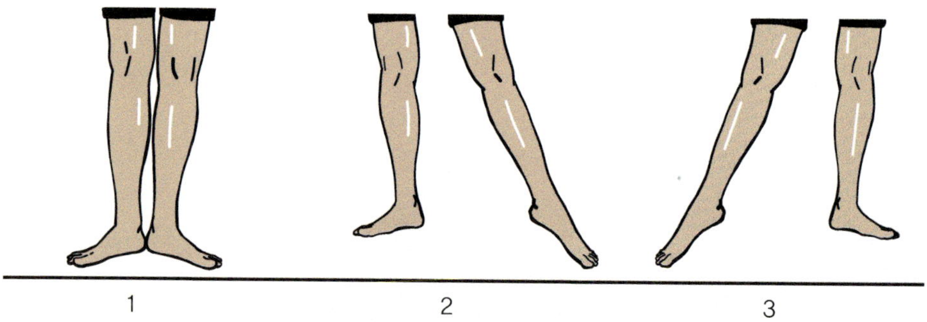

1. 똑바로 선 상태에서 양손은 허리에 대고 발끝은 붙여 발은 팔(八)자 모양이 되게 선다.
2. 발끝을 쭉 뻗어 옆으로 벌리면서 발끝으로 포인트를 찍는다. 10초간 유지한다.
3. 같은 방법으로 반대쪽 발끝을 쭉 뻗어 옆으로 벌리면서 발끝으로 포인트를 찍는다. 10초간 유지한다.

MEMO

② 날씬한 발목 만들기

발목 전체의 이완과 수축 운동이 동시에 되는 스트레칭이다.

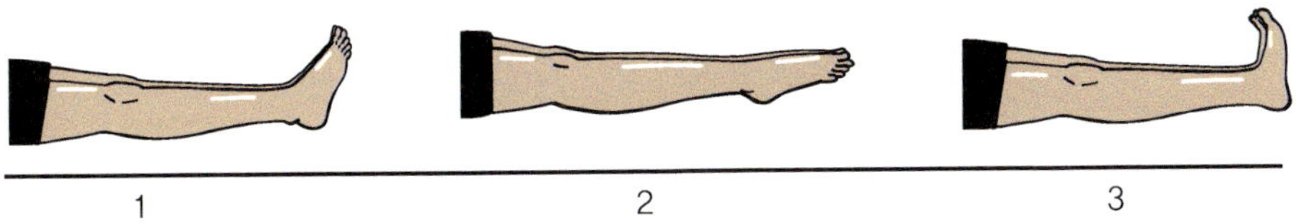

1. 바닥에 앉아 양다리를 가지런히 모으고 앞으로 쭉 뻗는다. 발가락의 끝은 자연스럽게 위를 향하게 한다.
2. 발끝만 앞으로 뻗어서 힘을 준다.
3. 발끝을 몸통 쪽으로 당기면서 정지한다.

MEMO

(3) C type (통통 다리)

① 탱탱한 종아리 만들기

종아리 뒤쪽의 지방을 분해해서 살이 빠지기 쉽도록 하는 데 효과가 있다.

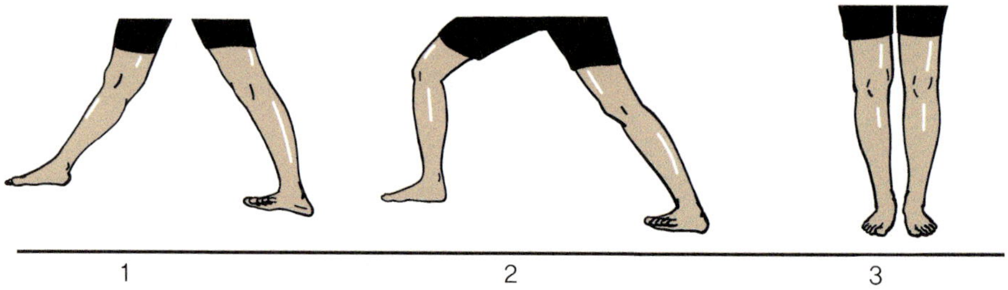

1. 양손은 허리에 대고 허리를 쭉 편 상태에서 다리는 앞뒤로 넓게 벌리고 선다.
2. 앞쪽 다리의 무릎을 굽히면서 뒤쪽 다리의 무릎 뒤쪽이 당길 정도로 쭉 펴면서 이 상태로 5초 동안 유지한다.
3. 숨을 내쉬면서 양손을 허리에 두고, 다리를 모으며 선다.

MEMO

② 날씬한 발목 만들기

발목 전체 근육에 힘을 길러주어 날씬한 발목을 만들어 준다.

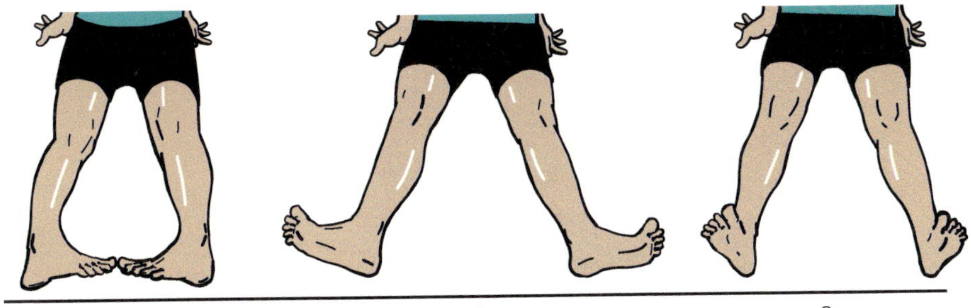

1 2 3

1. 바닥에 편안히 앉아 양쪽 엄지발가락 끝이 맞닿게 하고 다리를 최대한 벌린다.
2. 양 발끝을 떼어 안쪽에서 바깥으로 원을 그리며 발목을 돌린다.
3. 제자리로 돌아와서 편안하게 발목을 쉬게 하고 반대 방향으로 회전 운동한다.

MEMO

Chapter 05 승무원의 행동이미지 계발(비언어적 커뮤니케이션)

– 비언어적 커뮤니케이션 인간은 대인 상호간의 관계 속에서 본인의 의사를 전달할 때, 혹은 상대방의 의사를 받아들일 때 수많은 오해와 착각, 그리고 이해의 과정을 경험하게 된다. 이는 커뮤니케이션에서 비롯된 것이고, 문제를 해결할 수 있는 열쇠도 커뮤니케이션에 있다. 그렇기에 효과적인 커뮤니케이션은 정확한 의사전달을 위한 과제라고 할 수 있다.

이러한 커뮤니케이션은 크게 언어적 커뮤니케이션과 비언어적 커뮤니케이션으로 분류할 수 있으며 비언어적 커뮤니케이션이란 음성 메시지를 제외하고 메시지 전달에 사용되는 모든 행위라 정의할 수 있다.

– 비언어적 커뮤니케이션의 효과 Mehrabian이란 학자는 대인 커뮤니케이션에서의 의미와 효과를 다음과 같은 공식으로 산출함으로써 비언어적 행위와 얼굴표정에 대한 효과의 중요성을 입증해 보였다.

대인 커뮤니케이션의 총효과
= (0.07 언어적 효과) + (0.38 비언어적 행위) + (0.55 얼굴표정)

일반적으로 언어적 커뮤니케이션이 사실에 의한 정보를 전달하는 데 효과적인 반면, 비언어적 커뮤니케이션은 감정이나 느낌을 전달하는 데 보다 효과적이며 언어적 표현수단에 비해 문화적 영향을 많이 받는다. 또한 우리의 일상생활을 잘 관찰해보면 비언어적 표현수단이 언어적 표현수단보다 더 많은 의미를 전달한다는 것을 발견할 수 있다.

– 비언어적 커뮤니케이션의 요소 보통 비언어적 커뮤니케이션은 몸의 움직임 또는 신체적 행위, 신체 생김새, 자세, 제스처, 표정, 시선, 목소리의 크기, 음성

의 높낮이 등으로 구성된다. 목소리의 크기, 음성의 높낮이, 속도 등을 언어적 커뮤니케이션으로 오해를 하면 안되겠다. 이들은 음성 메시지 즉 '말의 내용'이 아니라 '말하는 방법'으로서 비언어적 커뮤니케이션에 속하는 것이다. 예를 들어 말이 매우 빠른 사람을 보면 그 사람이 '저는 성격이 급합니다'라는 언어적 커뮤니케이션을 주지 않아도 우리는 성격이 급한 사람일 것이라 미루어 짐작할 수 있는 것이다.

본서에서는 비언어적 커뮤니케이션으로서 표정이미지, 눈 맞춤(eye contact), 자세이미지, 그리고 스피치이미지를 다루고자 한다.

01 표정 이미지

1 표정

사람의 얼굴은 태어날 때부터 성장기를 거쳐 노화할 때까지 조금씩 변해간다. 흔히 쓰는 '자신의 얼굴에 책임을 질 나이'라는 말이 의미하듯 부모로부터 선천적으로 물려 받은 이목구비 보다는 나이가 듦에 따라 하루하루 만들어 온 얼굴상, 즉, 표정에서 묻어 나오는 자신의 얼굴 이미지는 본인의 노력 여하에 달려 있다는 의미일 것이다.

예쁘지만 오래 시선이 가지 않는 매력 없는 얼굴이 있는 반면, 평범해도 어딘가 모르게 자꾸만 시선을 끄는 얼굴이 있다. 차이는 표정! 무언가 끌리는 사람들을 살펴보면 생기 있고 풍부한 표정을 지녔다는 공통점을 발견할 수 있다.

– 표정(表情, expression, countenance)이란 마음속에 품은 감정이나 정서의 심리 상태가 겉으로 드러나는 것을 말하며 이는 다른 사람과의 소통을 위한 수단이다. 비언어적 의사소통은 상대방이 아무 말도 안 하더라도 그의 기분이나 상태를 표정이나 몸짓을 통해서 알 수 있는 것을 말한다. 사람의 신체 부위 중에서 가장 섬세하고 오묘한 곳은 얼굴이며 사람은 언어와 함께 얼굴의 표정으로 상대방과 의사소통을 하는 것이다. 오히려 얼굴보다 얼굴 표정이 그 사람의 예민한 심정까지 반영하고 표현한다.

사람이 혼자 있을 때는 타고난 표정을 지으며 사람들이 있는 곳에서는 관리된 표정을 짓는다. 사람의 얼굴 표정 중 일부는 타고난 것이며, 나머지는 학습된 것이다.

– 표정과 얼굴 근육 표정은 얼굴의 세 부분에 있는 특정한 근육의 움직임으로 이루어지며 얼굴은 각기 독립적으로 행동할 수 있는 다양한 부분들을 갖고 있다. 윗부분에는 이마와 눈썹이 해당되며, 눈과 코끝이 중간부분에, 그리고 코와 볼, 입과 턱을 아래 부분으로 본다. 사람의 얼굴 근육은 80개로 되어 있고 그 근육으로 무려 7,000가지의 다양한 표정을 연출할 수 있다. 사람의 얼굴에서 이렇듯 셀 수도 없을 만큼 다양한 인상과 표정이 나올 수 있는 이유는 하악골이라고 불리는 턱뼈가 상하좌우로 움직임이 가능하다는 점과 안면의 근육의 움직임에 의한 변화 때문이다. 이것은 얼굴의 어떤 근육을 사용하느냐, 어떤 모양으로 움직이느냐에 따라 표정의 색깔은 무궁무진 할 수 있다는 의미이다. 그럼에도 불구하고 평소 우리가 사용하는 표정근은 고작 20~30% 정도밖에 되지 않는다. 실제로 얼굴 표정의 변화가 거의 없는 사람은 상대에게 답답한 감정을 줄 수 있다. 대화의 내용이나 분위기에 맞는 자연스러운 표정 변화가 호감 가는 얼굴이다.

–표정 자가체크 표정근을 제대로 사용하지 않으면 부정적인 인상을 주어 이미지에 금이 갈 수도 있다. 비슷한 입 모양의 웃음이라 해도 한 쪽 입 꼬리가 살짝 더 올라가 있다면 분명 기분 나쁜 비웃음으로 보여진다. 여러분도 상대방의 웃음의 진의가 뭔지, 살짝 의심했던 기억이 한 두 번은 있을 것이다. 혹시 타인이 보는 나의 웃음이 항상 비웃음이었을지도 모를 일!

나만 모르고 있는 나의 잘못된 표정이 있는지 수시로 점검해 보아야 할 일이다.

- 무언가에 집중할 때 나도 모르게 양미간을 찌푸리고 있지 않은가?
- 웃을 때 입 꼬리 한 쪽이 더 올라가 있진 않은가?
- 대화 시 필요 이상으로 눈을 자주 깜박이진 않는가?
- 눈동자가 이리저리 불안정하게 움직이고 있지 않은가?
- 긴장 시 입술을 깨물진 않는가?
- 턱을 너무 숙이거나 반대로 너무 쳐들진 않는가?
- 당황하면 혀를 내밀진 않는가?
- 대화 시 아무런 느낌이 없는 무표정이 되진 않는가?
- 웃을 때 치아가 안 보이도록 입술을 오므리지 않는가?

위의 표 중에서 자신의 표정이 한 가지라도 있다면 반드시 고치도록 노력해야 한다.

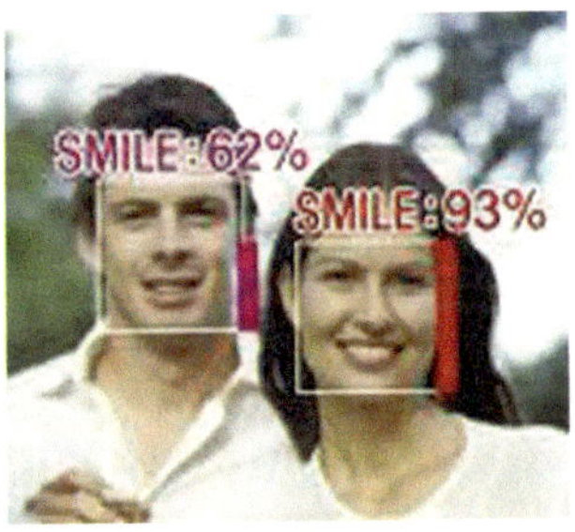

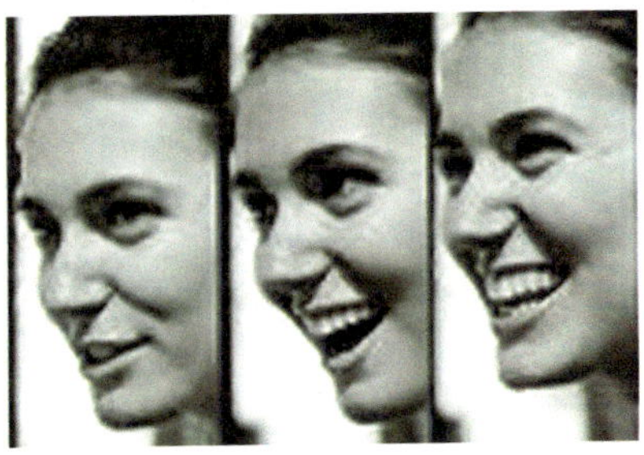

2 표정의 기능

첫째, 얼굴표정의 대표적 기능으로는 근본적인 감정 전달이 있다. 얼굴 표정은 자신의 감정을 말이나 목소리보다 더 확실히 보여주며, 사람들은 기본적인 몇 가지 감정들은 보편적인 방법으로 암호화하고 해독한다.

표정은 눈에 따라 달리 표현되지만 입 꼬리의 방향에 따라서도 달라지며 그 사람의 감정 상태를 말해 준다. 입 꼬리가 올라가면 기분이 좋다고 보며 반대로 입 꼬리가 내려가면 괴롭거나 슬프다고 해석할 수 있다.

사람들은 자신이 어떤 감정을 느끼는지 정확하게 알지만 그 감정을 내보이고 싶지 않을 때 미미한 표정을 나타낸다. 감정을 억제하려고 아무리 노력해도 미세한 표정이 나타나는 것은 막을 수 없다.

둘째, 표정의 기능은 개인의 내적 감정에 영향을 미친다는 것이다. 즉, 감정은 얼굴표정에 영향을 주며, 그러한 얼굴표정은 피드백으로 다시금 감정에 영향을 미치게 된다. '사람은 행복할 때 웃는 것이 아니라 웃기 때문에 행복해지는 것이다'라는 말에서도 알 수 있듯 표정은 역으로 사람의 감정에 영향을 미치는 것이다. 얼굴 표정과 감정 간의 관계는 대인 관계에서도 존재하며, 대부분은 상호 우호적 관계를 유지하기 위해 사용되기 때문에 사람들은 얼굴표정을 관리하게 된다.

셋째, 관리된 표정은 개인의 감정 표현이지만, 사회화를 통해 어떤 조건에서 어떤 정서를 내보일 것인가를 규정하는 규칙을 배워 형성되기도 한다. 고로 표정은 타인과의 성공적인 대인관계를 위한 전제조건으로서의 기능을 수행한다. 타인의 얼굴에서 볼 수 있는 많은 표정을 변별하는 것을 배우는 것은 매우 중요한 작업이며, 나아가 정확한 정서의 변별은 사회적 유능함의 기초라 할 수 있다.

넷째, 얼굴표정은 상황에 따라 여러 가지 임의적 메시지를 전달하게 된다. 윙크를 예로 들어 보면, 친구 사이의 윙크는 다른 사람들이 모르는 비밀을 의미하지만 낯선 사람에게 진해지는 윙크는 앞으로 친하게 지내보자는 권유의 메시지를 지닌다.

3 승무원, 미모보다 중요한 건 스마일!

① 스마일의 효과

생김새는 타고나는 것이지만 표정은 성장하면서 습득해가는 것. 심리학자들은 웃는 표정이 가장 호감을 산다고 말한다. 호감에서 그치는 것이 아니라 상호간의 밝은 표정은 업무의 효율을 증진시키기도 한다. 뿐 만 아니라 밝게 웃는 표정을 지으면 내 기분까지 좋아지는 마인드 컨트롤 효과가 있으며 내 기분은 물론 상대의 기분까지 좋게 만드는 감정이입 효과를 지닌다. 또한 밝은 표정은 면역력을 향상시켜 건강에도 좋으며 박장대소처럼 크게 소리 내어 한 번 웃는다면 5분 간의 에어로빅 효과가 있으며 10초간의 폭소는 3분간 노를 젓는 운동효과를 내기도 한다.

② 승무원의 표정

우리나라 사람 중에는 무표정한 얼굴이 많지만 외국에서는 무표정을 불만족, 반감 등 부정적인 감정 표현으로 받아 들인다. 특히 승무원의 표정은 그 개인의 이미지뿐만 아니라 항공사의 서비스 이미지, 더 나아가 외국인에게 보여지는 국가의 이미지를 결정하는 중요한 수단이기 때문에 승무원 채용 면접에서도 좋은 스마일은 자격 요건의 필수사항이 되고 있다. 아무리 완벽한 미모를 갖추었다 해도 물 한 잔 달라고 요청하기 망설여지는 차가운 표정의 미인보다는 다소 외모가 빼어나진 않아도 보는 이 까지 마음이 환해지는 기분 좋은 스마일을 연출하는 지원자가 더 채용 가능성이 높음은 두 말 할 필요가 없다.

승무원은 승객과 대면하는 시간은 물론이고, 이동하며 지나가는 순간에도 늘 표정을 관리해야 하는 직업이다. 혹시 여러분 중 웃을 때 환하게 맘껏 웃지 않는 사람이 있다면 승무원에 적합한 사람인지 다시 한 번 생각해 봐야 할 일이다. 혹시, 웃을 때 눈가에 주름 지는 것이 싫어서, 또는 작은 눈이 더 작아 보일까 봐, 불규칙한 치아가 드러나는 것이 걱정돼 환한 스마일을 연출하지 못한다면 면접관 그 누구도 승무원다운 이미지라 여기지 않을 것이다. 승무원 채용 시 1차 면접의 당락은 첫인상, 그 첫인상을 결정하는 핵심 요소는 바로 스마일이다.

MEMO

쉬어가는 페이지

아하~ 그렇군요!

진짜, 가짜 스마일

미국의 심리학자 폴 에크만(Paul Ekman)이 진행한 미소에 대한 연구에 따르면 사람은 자신의 얼굴 근육 42개를 다양하게 조합해 총 19 종류의 웃음 혹은 미소를 만들어 낼 수 있다는 것을 밝혀냈다. 놀라운 것은 이 19개의 미소 중에서 딱 한 가지만 진짜 즐거워서 웃는 것이고 나머지 18개는 가짜로 웃는 것이라는 사실이다.

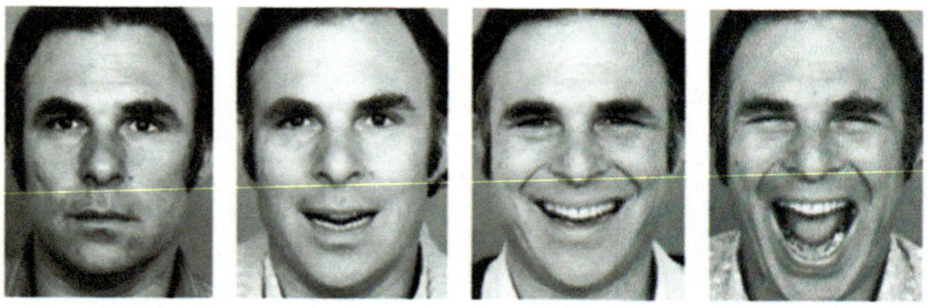

그렇다면 진짜 미소와 가짜 미소의 차이점은 어떻게 다른지, 어떤 미소가 진짜 미소로 보여지는지 실펴보도록 하자.

프랑스 신경학자인 기욤 뒤센(Guillaume Duchenne)은 인체 중 얼굴의 근육을 지도화하여 사람이 웃을 때 광대뼈와 눈꼬리 근처에 사람의 표정을 결정짓는 근육이 있다는 것을 발견했다. 그는 사람이 활짝 웃을 때 광대뼈가 봉긋하게 올라와 눈꼬리 근처의 근육이 움직인다는 걸 발견했으며, 후에 폴 에크만은 진짜 기쁨과 행복으로부터 우러난 진짜 미소를 '뒤센 미소(Duchenne's Smile)'라고 명명하게 되었다.

진짜 미소라고 불리는 뒤센 미소는 입술 끝이 위로 당겨져 양 입꼬리가 위로 올라갈 뿐 아니라, 눈꼬리의 근육이 수축되고 눈이 반달모양이 되어 눈가에 까치발 모양의 주름이 나타나고 두 뺨의 상반부가 들려져 광대가 올라가는 환한 미소로 진심에서 우러나오는 미소라고 할 수 있다.

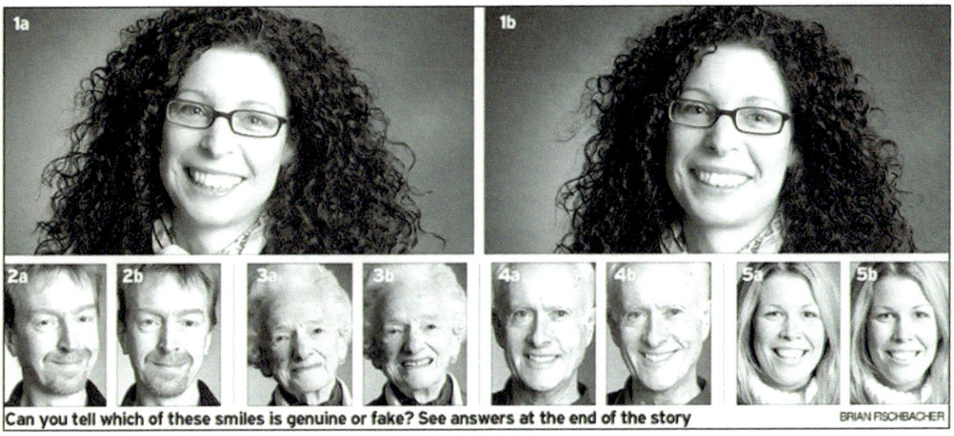

자료 출처: http://goo.gl/5LraU, 뒤센미소와 비뒤센미소

반대 용어로는 팬암 스마일이라는 가짜미소의 대명사가 있다. 과거 미국의 대형 항공사 팬 아메리칸 에어라인(줄여서 팬암)의 승무원들이 공식적으로 우아하게 입만 웃어 보이는 가짜미소를 빗댄 표현을 말한다. 아래의 사진처럼 승무원들의 입은 웃고 있지만 눈은 웃는 것 같지 않아 어딘가 어색한 모습을 볼 수가 있다.

가짜미소, 팬암 스마일

자료 출처: 조신영 작가 칼럼, 클북 출판

4 얼굴 근육 단련 운동(페이스닝)

매력적이며 성공한 사람의 얼굴은 표정 변화가 풍부하고 윤곽이 또렷하다. 자연스럽고 아름답게 웃는 표정은 눈가나 볼 등의 근육들이 균형 있게 움직여 만들어진다. 반면 사람의 감정이 무뎌지면 얼굴의 표정근은 조금씩 굳어져 더욱 무표정한 얼굴이 되며 긴장감 없는 멍한 얼굴은 손해를 볼 수도 있다. 게다가 여성들 중에서는 피부 노화나 주름이 세월 탓이라고 생각하는 사람들이 많지만 근본원인은 근육쇠퇴다. 이 때 산소와 영양분을 운반하는 혈관 및 신경 통로가 막혀버려 혈색도 나빠지고 피부가 까칠해지며 결국에는 주름이 생기는 것이다. 또한 무표정한 얼굴이 지속되면 시간이 흐를 수록 얼굴이 점차 커지게 된다. 이것은 우리의 몸이 운동을 하지 않으면 펑퍼짐하게 커지는 원리와 같다. 얼굴은 작을수록 좋다. 얼굴이 크면 나이가 들어 보일 뿐만 아니라 이미지가 둔해 보일 수 있기 때문이다.

하지만 올바른 방법으로 표정근을 단련하면 평면적인 얼굴도 입체적으로 바뀌고 윤곽도 뚜렷해지며 표정이 살아 있는 작아진 얼굴로 좀 더 좋은 인상을 만들 수 있다. 운동과 마찬가지로 중간에 그만 두는 것은 효과를 내기 어려우므로 꾸준히 매일 해나가는 것이 중요하다.

Tip 페이스닝 할 때 주의할 점

- 워밍업을 철저히 하고 몸과 마음의 긴장을 충분히 풀 것.
- 거울을 보고 체크하면서 올바른 방법을 마스터하는 것이 중요하다.
- 움직이고 싶은 근육에 의식을 집중할 것. 평소에 사용하지 않는
- 근육도 제대로 움직이는 것이 포인트.
- 천천히 충분히 움직여야 근육에 탄력이 생긴다.
- 매일 15분씩 5가지 이상의 운동을 습관화하라.
- 몸이 피곤할 때는 하지 않는 것이 좋다. 차라리 휴식을 취하는 것이 더 낫다.
- 피부가 건조하여 당기는 상태에선 역효과만 날 뿐이다. 건조하면 보습크림을 바르고 운동을 시작한다.

(1) 시작 전 얼굴 워밍업

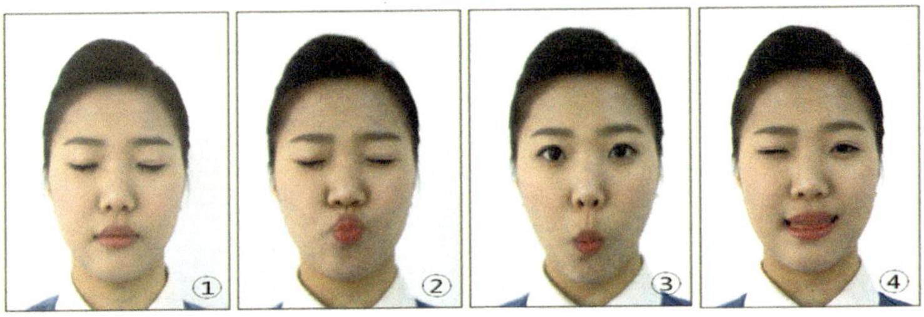

- 1단계 : 가볍게 눈을 감고 정수리에서 이마, 뺨, 입 주변, 목 순으로 물이 흘러가는 듯한 느낌으로 힘을 빼서 얼굴 근육 전체를 느슨하게 한다.
- 2단계 : 눈을 살짝 감고 입술을 뾰족하게 내미는 기분으로 코 끝을 모은다. 천천히 부드럽게 눈을 살짝 감은 상태로 되돌아 간다.
- 3단계 : 눈썹을 위로 올리고 인중을 끌어내려 얼굴을 세로 방향으로 최대한 늘인다. 천천히 자연스러운 표정으로 돌아온다.
- 4단계 : 혀를 조금 내밀고 이로 살짝 문다. 그 상태에서 볼을 움직이지 말고 윙크를 한다.

① 입가 운동

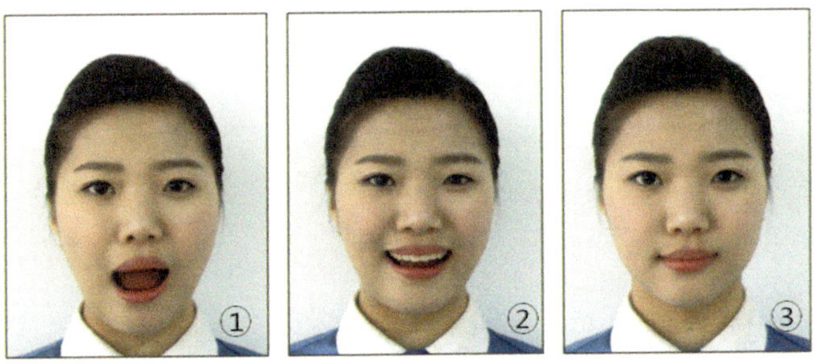

- 1단계 : 얼굴은 똑바로 정면을 향하고 입을 가볍게 세로 방향으로 벌린다. 볼 근육을 의식하면서 실시한다.
- 2단계 : 5초에 걸쳐 힘껏 입 꼬리를 끌어올린다. 이때 치아와 볼 점막 사이에 공간이 생기게 한다. 볼이 볼록해진 상태에서 5초간 유지한다.

• 3단계 : 천천히 자연스러운 표정으로 돌아온다. 처음에는 눈도 함께 움직이지만 익숙해지면 볼 근육만 움직일 수 있게 된다.

이 외에 '아– 에– 이– 오– 우– '를 큰소리로 발음하며 입술을 크게 움직여 입술 근육을 풀어준다. 매력적인 입 모양을 만들어주며, 웃으면서 말하면서도 미소를 잃지 않을 수 있는 효과를 지니고 있다.
또, '이' 발음이 나는 것을 연속적으로 발음하면서 연습하면 입술모양을 예쁘게 만들 수 있다.
예) 위스키, 와이키키, 하와이, 노가리, 막걸리

② 눈매 운동

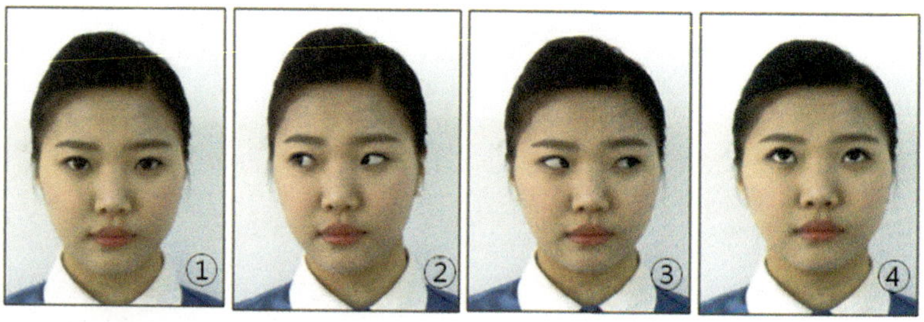

• 1단계 : 눈을 최대한 크게 뜬 채 5초 정도 정면을 바라본다. 다시 원상태로 돌아오기를 5회 반복한다.
• 2단계 : 눈동자를 힘껏 오른쪽으로 돌린 채 5초, 왼쪽으로 돌린 채 5초, 원상태로 돌아와 편안하게 눈을 감기를 3회 반복한다.
• 3단계 : 눈동자를 힘껏 오른쪽 위로 치켜 뜬 채 5초, 왼쪽으로 치켜 뜬 채 5초,
• 4단계 : 마지막으로 눈동자를 크게 회전한다. 오른쪽으로 5회, 왼쪽으로 5회, 원상태로 돌아와 편안하게 눈을 감기를 3회 반복한다.

이 외에 검지 손가락을 펴서 눈썹 가까이에 대고 눈썹을 위아래로 움직인다. 감정 표현을 하는데 가장 많이 쓰이는 눈썹은 반가움과 즐거움 좋은 나쁨을 표현하는데 가장 효과적이기 때문에 자연스런 감정 표현을 위해서는 눈썹근육 운동이 효과적이다.

③ 얼굴 운동

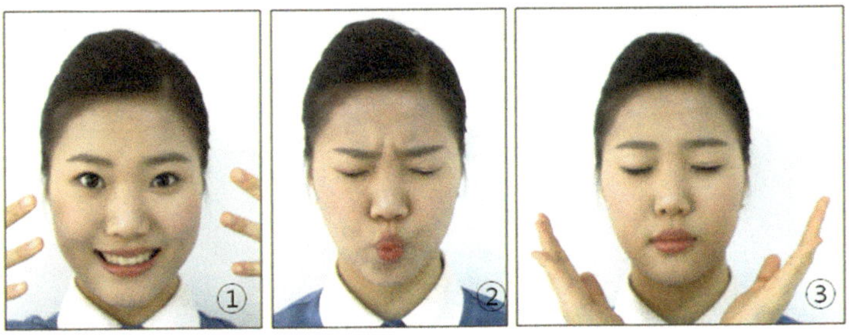

- 1단계 : 이를 가볍게 문 상태에서 얼굴의 모든 부위를 바깥으로 잡아 당기는 기분으로 최대한 이완시킨다. 눈썹은 위로 치켜 올리고 눈도 부릅 뜬 채 10초 동안 유지한다.
- 2단계 : 1단계와 반대의 표정으로서 얼굴의 모든 부위를 코 끝 중심으로 잡아 모으는 기분으로 10초 동안 최대한 오므린다.
- 3단계 : 눈을 감고 얼굴 전체 부위의 힘을 모두 뺀 상태로 10초 동안 편안하게 휴식한다.

이 과정을 3회 반복한다. 단계마다 모든 근육을 충분히 움직이는 것이 효과적이다.

MEMO

4 시선

–눈 맞춤 눈은 정서적 측면뿐 아니라 관심이나 의지를 표현하기도 한다. 의사를 전달하는 인체의 모든 부분 중에 눈이 가장 중요하며 눈은 가장 민감한 뉘앙스를 전달해 준다.

눈 맞춤은 커뮤니케이션의 흐름을 조절하고 피드백에 대한 모니터링과 감정의 표현 및 대인관계의 관계를 나타내 주는 등의 기능을 한다.

다음은 감정에 따른 눈의 모양을 정리한 것이다.

감정	눈의 모양
감정	눈의 모양
호기심	눈썹을 아래로 내리면서 눈은 흥미로운 것을 탐지하듯 본다
즐거움	눈 아래쪽에 동그란 주름이 생기면서 미소를 띄고 웃는 눈
걱정–번민	눈썹을 살짝 당겨 올려 아치형으로 만든다.
두려움–공포	눈을 크게 뜬 채 얼어붙은 듯이 멈춘다.
부끄러움	눈꺼풀을 내리고 눈은 아래를 향한다

응시행위는 얼마나 오랫동안 쳐다보는지, 보는 방향은 어떠한지, 그리고 어떻게 쳐다보는지에 따라 의미가 분화된다. 응시행위는 개인이나 성별에 따라 다르며 신뢰성에 큰 영향을 미칠 수 있다.

– 응시의 양으로 평가되는 이미지의 경우 더 많이 응시하는 사람이 호의적이고 친근하며 신뢰가 가고 단호하며 유능한 사람으로 받아들여진다. 응시의 양으로 성격을 파악하도록 한 실험에서 두 명 중 한 사람은 15%를 응시하도록 하고 다른 한 사람은 80%를 응시하도록 하여 촬영한 것을 피험자들에게 보여주었는데 그 결과 15%를 응시한 사람은 차갑고 염세적이며 방어적이고 미숙하고 도피적이며 복종적이고 무관심하고 민감한 성격의 사람으로 평가된 반면, 80%를 응시한 사람은 친절하고 자신감 있고 자연스러우며 성숙하고 성실하고 호감이 가며 거짓이 없는 사람으로 평가되었다. 대화 시 눈길이 주어지는 비율이 높으면 높을수록 상대에 대

한 평가는 향상되며 눈길을 주는 사람의 성실성이 전달되어 적극적인 관계가 성립된다. 이는 곧 응시행위는 화자의 이미지와 관련이 있음을 의미한다.

보통 눈맞춤은 눈을 꿈적이는 행위, 흘겨보는 행위, 노려보는 행위, 상대방의 시선을 피하는 행위 등을 포함한다. 상대방을 흘겨보거나 노려보는 것은 예의에 어긋나며 화자와 청자가 눈맞춤이 너무 적으면 상대방에게 지루하고 재미가 없으며 무관심한 것으로 여겨진다.

– 응시의 방향을 통해서도 그 사람의 감정 상태나 성격 등을 짐작할 수 있는데, 일반적으로 화자의 시선이 청중들을 고루 보지 못하고 한 곳에만 집중되어 버릴 경우 화자가 매우 긴장하고 있음을 전달하게 된다. 그리고 응시의 방향이 아래쪽일 경우 상대방에 대한 복종 및 불안함을 전달한다. 따라서 면접 상황에서 면접관 전원에게 시선을 고루 분산시켜야 함은 두 말 할 여지가 없다.

Tip 면접시, 자연스러운 시선처리 방법

- 면접관이 여러 명일 경우 골고루 시선을 주며 부드럽게 아이컨택
- 눈을 바로 마주치기 힘들다면, 면접관의 미간, 코끝, 인중 바라보기
- 시선을 위, 아래, 좌우로 움직이면 불안해 보인다.
- 다른 지원자가 대답할 때에도 면접관과 아이컨택을 하기 위해 노력한다.

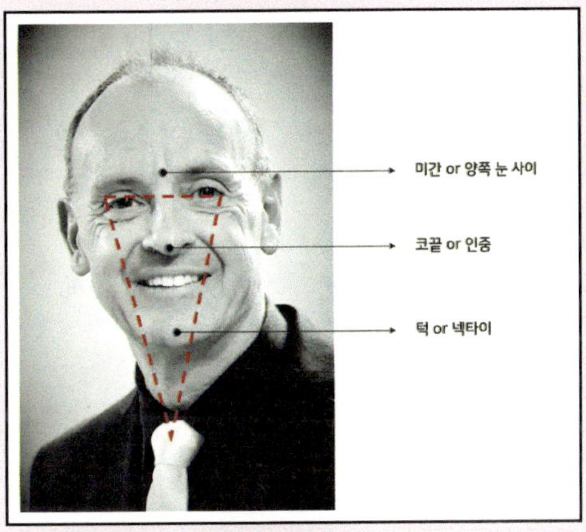

03 자세 이미지

– 자세의 기능 사람의 자세는 외모 다음으로 개인의 인격이 평가되는 수단이다. 가까운 거리에서는 상대의 얼굴만이 주로 시야에 들어오지만 멀리 떨어져 있으면 몸 전체가 보이기 때문에 자세는 사람의 인상을 결정짓는 데 매우 중요한 역할을 한다. 따라서 상황에 적절치 못한 자세는 본인의 의도와는 상관없이 자신에 대한 부정적인 이미지를 만들어 내기도 한다. 또한 자세는 사람의 마음가짐이나 정신 상태를 알 수 있는 단서가 되는데, 사람이 기쁘고 행복한 순간에는 허리를 곧게 펴고 빠르게 움직이며 고개를 높이 치켜들지만 실패로 인해 좌절과 고통의 순간에는 목을 움츠리고 어깨가 처지고 시선을 아래로 떨어뜨리는 등의 자세를 취함으로 내적 심리상태를 가늠하게 하는 척도가 되는 것이다.

– 자세vs 제스처 이 둘을 명확히 구분한다는 것은 쉽지 않지만 자세는 제스처에 비해 일반적으로 손짓이나 팔 동작 등 다른 신체동작을 수반하며 몸 전체를 한꺼번에 움직일 수 있는 등 더 큰 동작을 의미한다. 고객을 응대하는 서비스인으로서 승무원의 자세는 고객에게 호감을 주는 것 이외에도 신뢰감을 심어주는 기능을 하고 있다. 다시 말해 바른 자세, 바른 태도는 호감을 주는 매력적인 이미지를 연출할 수 있으며 겉으로 보여지는 이러한 곧은 인상은 그 사람에 대해 신뢰를 할 수 있는 일종의 단서로 인식 될 수 있는 것이다. 또한 자세는 서비스의 기능을 하고 있다. 자세로서 상대방에 대한 관심과 존중의 표현이 가능하기 때문이다. 아무리 신체 균형이 훌륭하게 잡혀 있다 해도 자세가 바르지 못하거나 세련된 몸가짐이 베어있지 못하다면 고객은 서비스의 질 자체를 낮게 인식할 수도 있다.

1 선 자세

일반적으로 서비스인들은 대기 자세 시 공수자세를 많이 취한다. 공수자세는 손을 앞으로 모으고 서 있는 공손한 자세이다.

1. 먼저 가슴을 바로 펴고 선다. 웅크린 자세는 소심해 보일 뿐만 아니라 자신감도 결여되어 보인다.
2. 정수리 쪽을 위에서 당긴다는 느낌으로 턱을 살짝 당긴 상태로 서서 시선은 정면을 향한다. 이 때 목이 앞으로 빠지지 않도록 주의한다.
3. 어깨가 한 쪽으로 기울어지지 않게 주의하며 배에 힘을 주고 허리를 일직선으로 세운다.
4. 손은 '남좌여우'라 하여 남성은 왼손이, 여성은 오른손이 위로 가도록 하여 엄지로 깍지를 끼우고 가볍게 밑에 있는 손을 싸 쥐는 느낌으로 포개되 손가락이 벌어지지 않도록 주의한다.
5. 손의 위치는 여성의 경우 엄지가 배꼽의 약간 아래쪽에 오도록 하여 서고 남성은 팔을 굽히지 않은 상태로 아래로 내린다.
6. 팔꿈치가 몸보다 앞으로 나오면 남성적인 딱딱한 느낌이 나고 반대로 너무 뒤쪽으로 밀리면 지나치게 여성적인 느낌이 들 수 있으므로 적당히 몸과 나란한 위치에 두도록 한다.

7. 허벅지와 종아리가 나란히 붙도록 한다.
8. 두 발의 뒤꿈치는 나란히 붙이고, 여성은 15°, 남성은 30°가량 앞 코를 벌려 안정감 있게 선다.

2 선 자세 교정

자세가 나쁘면 서비스 인으로서 외관상 좋은 이미지를 주지 못하고 결과적으로 만족스런 서비스를 제공하지 못한다는 점 이외에 본인의 신체에도 무리가 갈 수 있다. 따라서 신체에 잘못 적응된 나쁜 습관을 찾아내어 교정을 함으로써 바람직한 자세를 유지해야 한다.

선 자세를 취했을 때 등이 굽으면 외관상으로도 자신감 없고 왜소해 보이지만 신체적으로 상체와 복부 쪽에 살이 찌기 쉽다.

[그림5] 굽은 등 자세 교정

1. 벽을 향해 약 30cm 정도 떨어진 위치에 바르게 선다
2. 양손을 가슴 높이로 들어 벽에 대고 벽을 밀듯이 하여 가슴을 쫙 펴고 허리를 뒤로 젖혀준다. 이 때 배를 벽에 살짝 대듯이 하고 만약 닿지 않으면 도움을 받는다.

3. 얼굴은 한 쪽 면으로 돌려주되 더 불편한 쪽으로 하는 것이 효과적이다.
4. 그 상태로 20초 정도 유지한다.
5. 고개를 반대로도 돌려가며 하루 10회 이상 반복한다.
6. 익숙해지면 벽과의 거리를 조금씩 늘려 나간다.

[그림6] 쳐진 어깨 자세 교정

또 한 쪽 어깨가 쳐진 사람을 많이 볼 수 있는데 이런 사람은 좌우 어깨 높이가 달라지고 골반도 틀어져 척추가 휘게 되므로 반드시 자세 교정이 필요하다.

휘어진 척추를 바로 세우기 위해서는 본인이 어느 쪽으로 휘어 있는지 판단한 후

1. 다리를 어깨 폭 정도로 벌이고 벽에 등을 대고 선다.
2. 솟은 쪽 손을 허리에 가볍게 대고 쳐진 쪽 손을 위로 똑바로 들어준다.
3. 쳐진 쪽의 발로 서는 듯이 몸의 중심을 이동 시킨다.
4. 숨을 내쉬며 솟은 쪽으로 몸을 굽혀 준다. 이 때 들고 있는 손이 앞으로 떨어지지 않도록 유의한다.
5. 굽힌 자세로 20초 정도 유지하며 심호흡을 반복한다.
6. 과정을 5회 반복한다.

이 외에도 머리를 앞으로 빼고 있어 거북이 목과 같은 자세도 오래 지속되면 목 뒷부분의 근육과 인대가 늘어나 통증이 유발된다. 외관상으로도 목척추의 부담으로 얼굴 주변 근육이 커지고, 순환이 잘 되지 않아 지방이 쉽게 축적돼 큰 얼굴이 되기 쉽다.

다음은 곧고 예쁜 자세를 위한 자세 교정으로 척추를 바로 세워줌과 동시에 연관된 문제들, 예를 들어 굽은 등과 휜 척추, 거북목 등의 문제를 완화함과 동시에 다리도 교정이 되고 다이어트에도 도움이 되는 교정 방법이다.

1. 바닥까지 돌출된 부분이 없는 벽에 붙어 선다.
2. 머리 끝부터 발 끝까지 최대한 벽에 밀착시킨다.
3. 배는 있는 힘껏 집어 넣어 허리 뒤로 벽과의 공간이 생기지 않도록 밀착시킨다. 그러나 어깨는 힘을 빼어 솟지 않도록 주의한다.
4. 턱을 살짝 잡아 당기는 기분으로 목척추(경추)도 늘려 바로 세워 붙인다.
5. 양쪽 복숭아 뼈와 무릎뼈는 서로 붙을 수 있도록 힘을 준다.
6. 파트너가 튀어나온 어깨를 눌러 주거나 배를 눌러 주면 혼자 하는 것보다 많은 효과를 볼 수 있다. 이때 파트너는 한 쪽으로 기울지 않았는지 수시로 체크한다.

3 앉은 자세

앉는 자세는 일반적으로 많이 쓰이는 것은 아니나 가장 실수하기 쉬운 자세이며 일반적으로 그 사람의 생활태도와 습관 등을 많이 판단할 수 있는 근거가 된다. 특히 스커트를 입은 여성의 경우 자칫 방심하면 자기관리나 몸가짐이 소홀한 사람 같은 인상을 줄 수 있으므로 각별히 주의해야 한다.

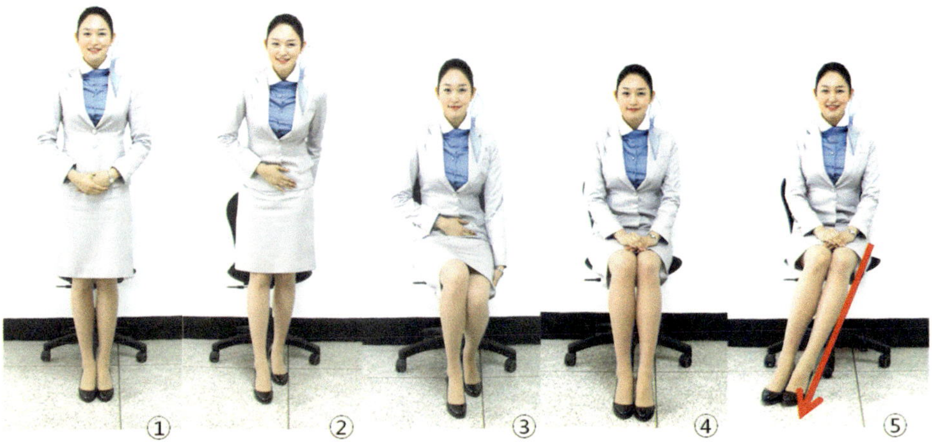

1. 의자의 반 보 앞에 바른 공수자세로 선다.
2. 한 쪽 다리를 뒤로 하여 종아리로 의자의 위치를 확인하며 앉는다. 양 쪽 다리를 앞 뒤로 반 보 가량 간격을 두어야 안정감 있게 앉을 수 있다. 이 때 한 쪽 손은 뒤 쪽 스커트를 살짝 쓸어 주듯이 앉아 스커트가 심하게 구겨지는 것을 방지한다.
3. 엉덩이는 의자의 3/4가량 깊숙히 앉되 등은 의자 등받이와 주먹 하나 만큼의 거리를 두고 곧게 세운다. 깊이 앉지 않고 걸터 앉을 경우 안절부절 못해하는 불안한 인상을 줄 수 있다. 반대로 의자 등받이에 기댄다면 편안함이 지나쳐 건방진 인상을 줄 수 있다. 스커트 자락이 단정한지 매무새를 확인한다.
4. 뒤 쪽에 놓인 다리를 앞으로 가져와 두 다리를 나란히 붙인다. 두 손은 공수자세와 마찬가지로 포개되 무릎 사이 스커트가 떠서 안이 보이지 않도록 주

의하여 허벅지 중간 쯤에 가볍게 눌러 주듯 올려 놓는다.

5. 다리를 사선으로 포개 놓으면 더 길어 보이는 효과를 얻을 수 있다. 이 때 발목이 꺾이지 않도록 신경 쓴다. 즉, 무릎과 발목까지 종아리선을 따라 발 앞코가 놓이는 것이 가장 효과가 크다. 하지만 웃어른을 마주 하는 경우 다리를 안 쪽으로 더 집어 넣어 공손함을 잃지 않도록 한다.
6. 일어 날 때는 앉을 때와 반대의 순서로 일어 선다.

MEMO

쉬어가는 페이지

아하~ 그렇군요!

휘어진 다리 교정

승무원은 다리가 곧고 예뻐야 한다는데 다리가 휘어 고민인 사람이 많다. 다리뼈는 골반과 연결되어 있어 골반이 어긋나면 다리뼈의 연결도 어긋나게 되고, 그러면 근육에 무리가 가서 불필요한 곳에 근육이 생긴다. 실제로 뼈가 휜 경우보다는 다리 바깥쪽에 근육이 붙어 휜 것처럼 보이는 경우가 많다. 이렇게 되면 신진대사가 원활하지 못해 쉽게 피로를 느끼고 보기에도 좋지 않다. 바로 잡기 위해서는 우선 휘어진 골반을 바르게 교정한 후, 무릎의 관절을 조절하는 것이 순서이다. 집에서 꾸준히 교정 운동을 하는 것만으로도 효과를 볼 수 있다.

STEP 01 STEP 02 STEP 03 STEP 04

1. 지압붕대 또는 교정벨트를 다리에 감아 바르게 선다.
2. 양손을 허벅지에 올려놓고 뒤에 의자가 있다고 생각하며 깊게 앉는다.
3. 상체를 들어 올리고 허리의 곡선을 C자형태로 하여 가슴 부위를 확장한다.
4. 등 뒤로 깍지 끼고 무게중심을 발 뒤꿈치로 싣고 발가락을 들어올린다

자료 출처: Self Natural Posture Exercise, https://m.blog.naver.com/135fhj/221686495425#

4 걷는 자세

걸음걸이는 외관상으로도 이미지를 판단하는데 중요한 역할을 하지만 건강과도 밀접한 관계가 있다. 걸을 때 안장걸음, 팔자걸음 신발을 끄는 걸음 등 잘못된 습관은 반드시 고쳐야 한다.

1. 턱을 약간 당기듯이 하고 시선은 눈 높이 보다 약간 위를 응시한다.
2. 등 근육을 똑바로 세우고 가슴은 활짝 펴준다 .
3. 배와 엉덩이를 조인다.
4. 손은 자연스럽게 쥐고 손바닥이 몸체를 향하도록 한다. 손바닥이 앞을 향하면 지나치게 여성스럽고 애교있는 걸음이 되고 뒤를 향하면 군인과 같은 느낌이 들 수 있다.
5. 팔은 앞으로 40°, 뒤로 15°정도를 움직이는데 바지 옆선을 자연스럽게 스치듯 흔들어 준다.
6. 무릎은 시원스레 쭉 뻗으며 걷되 양 무릎과 발목이 스치 듯 걷는다.

–워킹 자가진단 다음과 같은 잘못된 워킹을 하고 있지 않은지 전신거울을 보고 자가 진단을 하거나 주위 사람의 피드백을 받는 것도 좋은 방법이다.

- 걸을 때 허리가 안정되어 있지 않은 워킹
- 다리를 질질 끄는 워킹

- 샌들을 신고 있는 것처럼 보폭이 좁은 워킹
- 다리 길이에 걸맞지 않게 보폭이 너무 넓은 워킹
- 일명 안짱다리걸음, 팔자걸음

Tip 걷는 자세 나쁘면 다리가 두꺼워진다.

사람에 따라 걷는 모양은 가지각색이다. 그런데 걷는 자세에 따라 다리의 형태가 변화된다. 걸을 때 다리에 미치는 충격을 계산해 보면 하루 400톤에 달한다고 한다. 이처럼 다리에 큰 부담을 주는 워킹을 잘못하면 다리 모양이 휘고 두껍게 된다는 것은 너무나 당연한 일이다. 게다가 팔자로 걸으면 배가 나온 것처럼 허리가 나오게 되어 허리 디스크가 올 수 도 있다.

5 인사 자세

사람들은 살면서 개인만이 아닌 사회라는 공동체 속에서 상대방과 의사 소통을 하며 살아간다. 의사소통에는 여러 방식이 존재하며, 일반적으로 사람과 사람 이 만나면 인사라는 형식을 따른다.

–인사(人事, Greetings)란 상대방에 대한 예의를 표하는 행동으로 사람이 해야 하는 가장 기본적인 격식이다. 첫만남이 이루어지는 것은 바로 인사를 시작하면서부터이다. 따라서 인사는 사회 생활의 기본이라 할 수 있다. 실제로 잘 생각해 보면 하루 종일 주고, 받는 인사만 해도 수십 번은 될 것이다. 그 만큼 동양에서는 인사를 중요하게 생각하며, 직장에서는 특히 선후배간에도 인사 잘하는 선배, 인사 잘하는 후배를 더 챙기게 되는 것은 물론이다. 서비스를 하는 승무원에게 있어서 인사란 본인이 가지고 있는 서비스 정신의 기본적인 표현이자 고객에 대한 의무로서 서비스의 첫 번째 동작이자 마지막 행동이 될 수 있다. 그러나 단순한 형식적인 인사가 아니라 정성과 마음을 담아 상황에 적절히 맞는 인사를 해야 한다.

(1) 인사의 종류

사회생활을 하다 보면 하루에도 몇 십 번씩 해야 하는 인사는 인사를 할 시점의 T.P.O(Time, Place, Occasion)을 고려하여 적절한 인사 방법을 선택하여 행하여야 한다. 이것을 잘 지키지 못한다면 오히려 매너가 없는 사람으로 오해를 받거나 상대방을 난처하게 만들 수 있음을 명심하자. 예를 들어 볼 일을 마치고 나오는데 화장실에서 쩌렁한 목소리로 누군가 인사를 한다면 조금은 무안하고 상대방이 배려 없다고 여겨질 것이다. 지각한 아침 슬그머니 자리로 가 앉으려는데 큰 소리로 후배가 인사를 해 이목을 집중시킨다면 참으로 눈치 없는 사람이라 여겨지지 않겠는가?

다음은 T.P.O를 고려한 인사법의 종류이다.

① 목례

일상생활이나 직장에서 동료간에 가장 빈번히 하는 인사로서 복도를 통행할 때나 식당이나 화장실처럼 사람이 많이 모이는 장소, 엘리베이터와 같이 좁은 공간에서 건넬 수 있는 인사법이다. 또 자주 만나는 경우나 전화 응대 시에도 가벼운 15°인사를 하면 무난하다. 이 때 가벼운 인사라 하여 지나가면서 성의 없이 하는 것이 아니라 잠깐 멈추어 서서 해야 약식이지만 예의를 갖춘 인사가 된다.

② 보통례

보통례는 통상적으로 일반고객에게 감사할 때나 대기를 요청할 때, 첫 대면에서 등 우리의 일상 생활에서 가장 많이 행하는 가장 일반적인 인사법이다. 상체를 30° 숙이고 시선은 발 끝에서 2m 정도 앞을 보게 된다.

③ 정중례

정중례는 가장 정중한 인사로 상견례 장소나 큰 어른을 만나 뵀을 때, 단체 고객의 맞이와 배웅 등에 하는 인사라고 할 수 있다. 또한 손님에게 정중히 감사를 표하거나 사과를 할 때에도 정중례를 하게 된다. 고객의 접점에 있는 서비스 최일선 근무자라면 누구나 몸에 베어 있어야 하는 인사로 상체를 45도 가량 깊숙이 숙여서 하는 인사 법이다.

(2) 승무원인사(정중례)의 방법

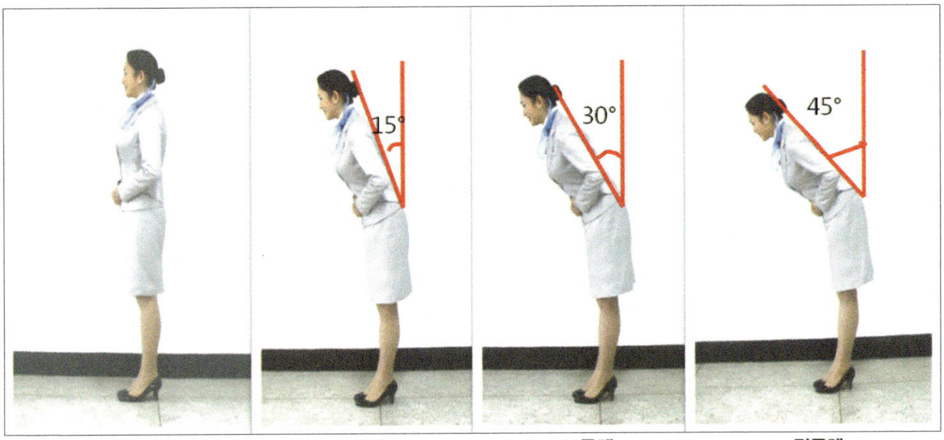

대기자세 목례 보통례 정중례

1. 우선 앞 절 1) 선자세. 에서 다룬 것처럼 바른 공수자세를 한다. 남성의 경우 팔을 내려 바지 재봉선 옆에 댄다.
2. 눈맞춤을 하지 않은 인사는 상대방이 인사를 받았다라는 생각이 들지 않는다. 미소를 잃지 않도록 유의하여 부드러운 눈맞춤을 한다.
3. 허리를 받침점으로 생각하고 상체를 곧게 펴 45°까지 천천히 내려간다. 이 때 다리가 굽혀지거나 다리 양쪽이 벌어지거나 등이 동그랗게 말리면 잘못된 자세. 상체는 머리 끝부터 목 뼈를 지나 등, 허리까지 일직선을 유지하고 하체도 힘을 주어 허벅지와 무릎을 붙인다. 단, 어깨에는 힘을 빼 솟지 않도록 주의한다.
4. 이 상태에서 2초가량 정지하되 시선은 발 끝에서 1~1.5m앞을 본다. 고개를 숙였다고 해서 얼굴 표정을 바꾸어선 안 된다. 처음과 똑같이 스마일을 유지한다. 이 때 체중이 발끝으로 실리는 것이 맞는 자세. 만약 뒤꿈치에 체중이 실린다면 엉덩이를 뒤로 뺀 것임으로 잘못된 자세이다.
5. 숙일 때의 속도보다 천천히 일어난다.
6. 처음 1.의 동작과 같은 자세를 유지한다. 역시 스마일과 눈맞춤은 필수이다

03 스피치 이미지

1 스피치의 개념

–스피치(speech)란 다수의 청자 앞에서 자신의 주장이나 정보를 말로 전달하는것으로 1인 이상의 청자를 대상으로 음성언어와 비언어적 상징을 통한 의사소통의 효과적인 방법이라고 정의할 수 있다. 이를 통해 청자의 감정을 자극하고 설득함으로써 청자의 신념이나 행동을 새롭게 세우거나 강화하거나 변화시키기 위한 공식적인 말하기를 의미한다. 즉, 단순한 말하기가 아닌, 다양한 스피치의 요소가 고려되는 보다 고차원적인 전략적 말하기 활동으로 이해해야 한다. 이처럼 청자의 마음을 화자가 의도한 방향으로 움직일 수 있는 힘이라고 볼 때 항공사 면접을 준비하는 여러분은 스피치의 특성을 잘 이해하고 그 노하우를 파악하여 성공적인 인터뷰를 준비할 수 있어야 한다.

–훌륭한 스피치란 정확한 발음, 적당한 성량, 재치 있는 말솜씨, 그리고 또렷한 입 모양 등을 갖추는 것을 말한다. 거부감이나 부담을 주거나 잘 못 알아듣게 하는 어투를 구사하면 듣는 사람이 짜증 날 수도 있다. 상대방이 편안하고 잘 알아들을 수 있도록 부드럽고 정확하게, 그리고 또박또박 말하는 훈련을 한다.

–스피치 자가진단 자신의 스피치를 스스로 점검해 보고 아래 사항에서 한가지라도 해당된다면 스피치의 변화가 요구된다.

말의 끝맺음이 정확하지 못하다

- "저", "어", "음", "저기" 등 보통 때 습관적인 말투가 많다.
- 악센트가 너무 강하다.
- 사투리를 많이 쓴다.
- 목소리가 허스키하다.
- 발음이 부정확해 상대방이 자꾸만 되 묻는다.
- 말이 빠르다는 얘기를 자주 듣는다.

2 스피치의 기초

승무원 이미지를 위해서 스피치 개발은 반드시 필요하다. 그러나 굳이 전문 강좌를 듣지 않더라도 집에서도 충분히 스피치 능력을 향상시킬 수 있다. 물론 스피치 전문가의 도움을 받는다면 체계적이고 효율적인 교육이 가능하지만, 시간을 낼 수 없거나 경제적으로 부담이 되는 경우는 집에서 자투리 시간을 이용해 스피치 훈련을 실천해 보자.

(1) 언어적 요소

① 호흡과 발성

- 호흡과 발성의 기능 호흡과 발성이 안정되어 있다는 것은 화자가 자신이 가지고 있는 최상의 소리를 낼 수 있다는 것을 의미한다. 말은 음성기관을 통해 의미 있는 소리를 내는 것이고 좋은 소리, 즉 좋은 음성은 바른 호흡과 정확한 발성이 전제되어야 한다. 올바른 호흡과 발성을 통해 안정적인 음성으로 스피치를 실행하면 청자의 호감과 주의를 집중시킬 수 있고 전달력도 향상될 수 있다. 따라서, 자신의 매력이 잘 묻어나고 전달력이 강한 음성을 통해 효과적인 스피치를 하기 위해서는 먼저 꾸준한 호흡 훈련과 관리를 할 필요성이 있다.

- 복식호흡이란 복부를 중심으로 하는 근육의 도움으로 횡격막을 움직이게 하여 공기를 들이 마시고 내쉬는 호흡으로 스피치에서의 호흡법은 숨을 들이 마시면 배가 자연스럽게 나오고 말을 할 때에는 배에 힘이 들어가는 복식 호흡이 바람직하다. 기본적으로는 호흡기관을 단련하여 건강한 생활을 누리고 말하기에 있어서 목소리의 재료(공기)를 풍부히 제공하여 발성을 마음대로 조정하고 감정변화와 화술을 자연스럽게 표현할 수 있는 능력을 높이기 위해서이다.
  그러나 현대인들은 가슴으로 얕게 숨을 쉬는 흉식 호흡을 해서 빈약하고 조급한 목소리를 내며 짧은 스피치에도 목이 쉽게 잠기는 것을 볼 수 있다.

- 복식호흡의 방법은 가슴 위로 쉬는 얕은 호흡이 아니라 들숨을 배로 보내면서 횡경막이 아래로 내려가 공기가 폐의 아랫부분까지 들어가게 되어 배가 나오게 된다. 숨을 들이 마실 때 깊게 쉬는 심호흡을 하면 아랫배가 나오며, 내쉴 때는 아랫배에 힘을 주어 길고 천천히 조금씩 내보낸다. 이때 흉식호흡과 다르게 가슴과 어깨가 움직이지 않아야 한다.

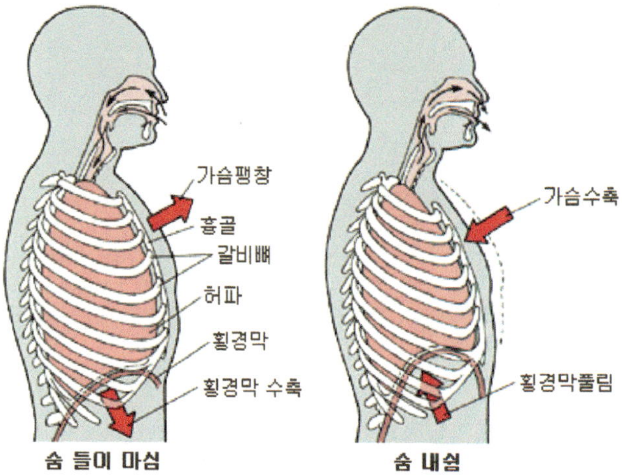

[그림7] 복식호흡

– **발성**이란 폐에서 밀려나온 숨이 성문을 통과할 때 성대를 진동시켜 소리를 내는 것을 말한다. 음성을 전달할 때 목청을 열고 길게 호흡하여 자신 있게 발성하는 것이 메시지 전달에 효과적이다. 턱을 내려 입을 위아래로 크게 벌리고 성문을 충분하게 열어 발성하면 입과 목 안에서 소리를 둥글고 부드럽게 만들도록 공명할 수 있는 공간이 충분히 확보되므로 음질이 더욱 풍부하게 된다. 평소 입을 크게 벌리고 저음에서 고음으로 소리를 내는 연습이 공명을 좋게 하는 데에 도움이 된다.

② 음성과 음색

③ 발음

(2) 심리적 안정감

대부분의 사람들은 1:1의 대화는 무난히 잘 하는 편이지만 앞에 5명만 넘어가면 가슴이 뛰기 시작하고 어떻게 말을 해야 될지 당황스러워 하는 것이 일반적이다. 스피치는 다른 사람을 대상으로 하고 한정된 시간 내에 전하고자 하는 말을 끝내야 한다는 시간 제약과 목적을 달성해야 한다는 심리적 부담 때문에 정신적인 구속이 가해진다. 게다가 실수하지 않고 잘해야 한다는 부담감으로 불안, 초조, 긴장 등이 고조되기도 한다.

특히 면접 상황에서 이러한 심리적 갈등을 어떻게 극복하느냐에 따라 면접의 성패가 좌우되므로 심리적 안정감은 무엇보다 중요하다.

발표불안을 극복하는 최상의 방법은 역설적이지만 대중 앞에서 스피치를 자주 경험하여 발표 불안의 면역성을 키우는 것이다.

타인들이 발표 기회를 만들어 주기 전에 자신이 기회를 적극적으로 만들어서 경험하는 것이 도움이 된다. 학교에서 수업 시간에 발표를 할 때도 이왕이면 앞으로 나와서 한다든가 스터디 모임을 한다면 모든 발표를 제자리에서 하지 않고 앞에서 하는 등의 기회 활용이 필요하다. 긴장감을 해소하기 위해서는 대기 시 복식호흡을 수 차례 하는 것도 도움이 된다. 또한, 심리적으로는 완벽하게 해 내야 한다는 강박관념을 버리자. 잘해야 한다는 집착이 오히려 일을 그르칠 수 있다는 사실을 잊지 말자.

(3) 목소리

① 목소리의 기능

여러분이 면접 시 "안녕하십니까. OOO입니다" 라고 인사말을 하는 순간 이미 면접관에게 여러분의 이미지는 시각적 모습과 함께 바로 전달된다. 목소리는 사람의 이미지를 형성하는 데 있어 외모 만큼이나 중요한 요소이다. 미국의 사회심리학자 앨버트 메라비언은 인간의 상호 커뮤니케이션을 설명하는 이론 중 하나인 '메라비언의 법칙'을 통해, 메시지를 전달할 때 목소리가 38%, 표정(35%)과 태도(20%) 등 보디랭귀지가 55%이며 말하는 내용은 겨우 7%의 비중을 차지한다고 했다. 이는 무슨 말을 하든지 목소리가 좋으면 메시지 전달에 3분의 1 이상 성공한 것이라는 의미이다.

목소리는 폐에서 빠져 나온 공기가 성대를 진동시켜 발생하는 음향이다. 그러나 이것은 생물학적, 음성학적 정의이고 목소리는 더 방대한 의미를 가지고 있다. 실 예로 전통 한의학에는 문진(聞診)이라 하여 숨소리, 냄새와 함께 목소리로 병증을 판단하기도 한다. 즉 목소리는 발성기관에서 나오는 음성만을 뜻하지 않는다. 또한 우리는 목소리를 통해 어느 정도 개인의 품성이나 성격 등을 짐작 할 수 있다. 이것은 우리가 만약 안타깝게도 목소리를 제어하지 못한다면 이미지메이킹의 실패뿐만 아니라 개인의 품성까지도 오해 받을 수 있음을 시사한다.

② 좋은 목소리

승무원에게 있어 좋은 목소리란 밝고 상냥하며 미소가 베어 나는 목소리이다. 목소리의 고저, 강약 등의 표현이 자연스러우며 때로 안전에 관한 사항을 의사소통 할 때에는 정중하고 신뢰감 있는 목소리도 필요하다.

좋은 목소리는 안정되고 편안한 느낌을 준다. 아무리 수려한 외모를 지닌 사람이라고 해도 음성이 너무 낮거나 높다면 좋았던 느낌이 반감된다. 적절한 톤의 음성은 같은 내용의 말도 훨씬 명확하게 전달되며 편안한 노래를 듣는 것과 같아서 다시 듣고 싶고 함께 대화하고 싶은 마음이 생기게 한다. 목소리의 굵기도 하나의 중요한 목소리 이미지 요인인데 여성과 남성의 차이는 있겠지만, 지나치게 굵다거나 지나치게 여성의 음성이 날카로울 때는 듣는 이가 거부감을 느끼므로 스스로 연습을 통하여 조절한다. 전문가들에 따르면 음성이 좋은 사람들은 타고난 목소리가 70~80%이며 훈련을 통해서 20~30%는 보완된다고 한다.

또 긴장감에 목소리가 떨리는 사람은 입을 크게 움직이면서 '아, 에, 이, 오, 우'를 다소 과장되게 반복 연습한다. 입안에서만 우물우물하면서 자신 없어하는 목소리를 없애는 데 도움이 된다.

목소리를 유지하기 위해서는 나름의 생활관리법도 필수이다. 평소 수분을 충분히 공급하면 성대점막이 촉촉해져 쉽게 상처가 나는 것을 방지할 수 있다. 또한 헛기침을 하게 되면 일시적으로 성대 점액이 빠져나가 목이 깔끔해지는 느낌이 드나 곧 다른 점액이 그 자리를 메워 다시 헛기침을 하는 악순환이 반복될 뿐이다.

Tip | 면접을 앞두고 목상태가 좋지 않다면….

목소리가 잘나오지 않을 때는 배즙을 마시면 좋다. 목소리를 틔게 하려면 귤즙에 소금을 타서 먹으면 좋고 목이 잠길때는 말린 귤껍질을 달여서 먹으면 좋다

목이 쉬었을 때는 대추를 먹으면 좋다. 무즙과 생강즙을 섞어 마시거나 끓인 오미자도 좋다. 계란을 식초에 담가 두었다가 껍질이 말랑해지면 식후에 먹는 방법도 있다.

목이 아플 때는 꿀을 탄 따뜻한 차나 무즙을 많이 마시면 통증이 사라진다. 녹차로 양치질을 하면 통증이 가라 앉고 모과차나 도라지 달인 물, 생당근즙도 효과가 있다.

3 유사언어 계발

유사언어(paralanguage)는 의사소통에 관여하는 비언어적 요소 가운데 음성을 통해 이루어지는 것들을 말하는 것으로 발음, 말의 속도, 목소리의 크기, 울림, 어조, 억양, 강세, 목소리의 고저 등이 해당된다. 사람의 목소리는 미묘한 인간의 감정을 담아 전달하기 때문에 대개 단어의 의미보다도 말하는 방식에 더 큰 의미를 두고 신뢰를 갖는다.

사람은 누구나 자신의 말하는 소리를 듣고 있다. 그러나 이 소리와 상대방에게 들리는 음성과는 약간의 거리가 있다. 자신의 목소리를 자신이 듣게 될 경우 두개골 내에서 약간의 울림을 거친 후 듣게 되기 때문에 남에게 들리는 음성보다 약간 낮은 톤으로 인식된다. 자신의 목소리를 가꾸기 위해서는 녹음기에 자기 목소리를 녹음해서 들어 보는데 대부분이 마음에 들지 않거나 어색해 한다. 그러나 자신의 목소리를 반복해 들으면서 발성과 발음연습을 한다면 몰라보게 향상될 것이다.

(1) 발성훈련

승무원에게 있어 작은 목소리는 마이너스 요소이다. 실제로 비행기 내부는 엔진 소음으로 인해 다소 큰 목소리를 내야 한다. 특히 비상 상황 시 마이크가 안되는 상황에서 육성으로 승객 탈출을 유도해야 하기 때문에 훈련과정 및 테스트에서는 일정 수치를 넘는 성량을 요구하고 있다. 면접 상황에서도 마찬가지다. 답변 시 목소리가 작은 사람은 아무리 내용이 훌륭하다 해도 뭔가 웅얼거리는 듯한 인상에 다소 소심해 보일 수 도 있다. 목소리가 작은 이유는 크게 몇 가지로 생각해 볼 수 있지만, 기본적인 발성법을 꾸준히 연습하다 보면 효과를 볼 수 있다. 올바른 발성을 위해서는 입을 충분히 벌리고 어깨와 목의 힘을 뺀다. 몸을 바르게 한 채 가슴을 펴고 팔은 자연스럽게 내린다.

① 호흡

호흡은 모든 발성의 원천이라 할 수 있으며, 따라서 적절한 호흡조절을 할 수 있어야 한다.

1. 똑바로 서거나 바로 눕는다.
2. 등을 바로 세우고 온몸의 힘을 뺀다.
3. 입을 벌리고 조용히 배가 불러 오도록 숨을 충분히 들여 마신 다음 [아~] 하고 소리를 내면서 숨이 다할 때까지 길게 내뿜는다.
4. 천천히 마시고 천천히 내뿜는 연습이 끝나면 빨리 마시고 천천히 내뿜는 연습을 한다.

② 모음을 이용한 발성 훈련

발음은 발성과 매우 긴밀한 관계가 있다. 정확한 입 모양과 발음을 하지 않으면 아무리 공명이 좋고 호흡이 좋아도 아름다운 소리가 나지 않는다. 이 때 목에 무리한 힘을 주지 말고 소리를 낸다.

1. 아래턱을 내릴 수 있는데 까지 내리고 입은 가능한 한 크게 벌린다.

2 아, 이, 우, 에, 오를 최대한 입을 크게 벌려서 발음한다.

3 위의 발음을 숨을 들이마신 후 한꺼번에 내뱉으면서 뚝뚝 끊어 크고 굵게 내 뱉는다.

4 호흡을 잘 가다듬어 자연스런 발음이 되도록 하며, 입 끝에서만 소리를 내는 것이 아니라 앞 장에서 다룬 복식호흡을 염두에 두고 깊은 데서부터 소리를 낸다.

5. 목에 힘을 주지 않고 자연스럽게 한다.
6. 혀끝을 의식하면서 자유로이 움직일 수 있게 한다.
7. 소리를 삼키는 일 없이 될 수 있는 대로 내뱉도록 하며, 항상 발음을 정확하게 한다.

(2) 발음 훈련

① 어려운 말 발음 훈련

발음이 불명확하면 의사 전달이 제대로 안될 뿐만 아니라 답답함을 느끼게 되며 그 사람의 성격 역시 답답하고 불분명할 것 같은 인상을 받는다. 이렇듯 발음 하나만 가지고도 상대방을 평가하게 되는 경우가 생기는데 발음 훈련하는 방법의 하나로 '어려운 말 발음훈련'이 있다. 이 훈련은 특히 받침 있는 말의 정확한 발음을 연습하는데 효과가 있다. 요령은 먼저 숨을 크게 들이마시고 정확히 발음을 하면서 단숨에 읽어 내려간다.

- 강낭콩 옆 빈 콩깍지는 완두콩 깐 빈 콩깍지이고 완두콩 옆 빈 콩깍지는 강낭콩 깐 빈 콩깍지이다.
- 백합백화점 옆 백화백화점 백화백화점 옆 백합백화점
- 저 분은 백 법학박사이고 이 분은 박 법학박사이다.
- 서울특별시 특허허가과 허가과장 허과장
- 앞 집 팥죽은 붉은 팥 풋팥죽이고 , 뒷집 콩죽은 햇콩단콩 콩죽, 우리 집 깨죽은 검은깨 깨죽인데 사람들은 햇콩, 단콩, 콩죽, 깨죽, 죽 먹기를 싫어하더라.
- 저기 있는 말뚝이 말 맬 말뚝이냐, 말 못 맬 말뚝이냐.
- 양양역앞 양장점은 양양양장점이고 영양역앞 영화관은 영양영화관이다.

② 아나운서 멘트 따라하기

나무젓가락이나 볼펜 등을 입에 물고 문장 등을 정확하게 읽는다. 정확한 발음 뿐만 아니라 목소리 톤에도 유의한다. 아나운서 스피치는 어미 '~입니다'를 흐리지 않고 정확하게 음가를 살리되 음의 높이는 떨어뜨리는 것이 특징이다.

#1. 교육과학기술부는 현재 초등학교와 중학교에서만 실시하고 있는 장애학생의 의무교육을 오는 3월부터 유치원과 고등학교 과정에도 적용한다고 밝혔습니다.

이에 따라 5살 이상 특수교육대상 유아는 올해부터, 4살과 3살은 내년과 내후년부터 의무교육을 단계적으로 실시하고, 고등학교 과정은 오는 3월 새 학기부터 의무교육을 전면 실시하게 됩니다.

교과부는 장애학생 의무교육을 위해, 현재 만 여개 정도인 특수학교와 일반학교의 특수학급을 올해 천 여개 더 늘리기로 했습니다.

#2. 전세계적으로 보기 드문 희귀종 슴새라는 새가 있습니다.

땅을 1m나 파고 알을 낳는 새인데 이 슴새의 이동경로가 파악돼 이제부터라도 보호할 수 있게 되었습니다.

허무호 기자입니다

③ 장음과 단음

같은 낱말이지만 발음의 길이에 따라 다른 의미를 갖는 단어들이 있다. 실생활에서 큰 불편을 못 느끼기 때문에 발음에 주의를 하지 않는 경우가 많으나 올바른 스피치를 위해서는 정확한 발음을 구사하도록 한다. 특히 비행 중 방송을 하게 되는 경우엔 더욱 더 신경을 써야 한다.

예문 1 나는 승무원이라는 직업을 천직으로 생각한다.

천:직; 천한 직업 / 천직; 하늘이 내려준 듯 딱 맞는 직업

예문 2 행운은 대구에서 온 어떤 부자에게 돌아갔다.

부:자; 재물이 많은 사람 / 부자; 아버지와 아들

예문 3 그는 지하도에서 수표를 잃어 버렸다.

수:표; 수치를 알기 쉽게 배열한 표 / 수표; 자기 앞 수표

예문 4 아버지가 내게 남겨 주신 것은 부채밖에 없다.

부:채; 빚 / 부채; 바람을 만드는 도구

예문 5 그 정도면 성인에 가깝다고 본다.

성:인; 예수, 부처 / 성인; 어른

예문 6 이 근처에 있는 돌집에 꽃을 배달해 달라던데요

돌:집; 돌로 만든 집 / 돌집; 돌잔치하는 집

쉬어가는 페이지

아하~ 그렇군요!

전달력을 높이는 발음 훈련

정확한 발음은 말 내용의 전달력을 높여주고 신뢰를 줄 수 있다. 정확하고 자연스러운 발음을 위해 다음 3가지를 집중하여 훈련해야 한다.

■ 이중모음을 정확하게

'ㅘ' 'ㅙ' 'ㅢ' 등과 같은 이중 모음은 두개의 발음을 한번에 내야 하므로 특히 신경써서 발음하고 훈련해야 한다.

① 좌회전 우회전 좌회전 우회전
② 화난 표정보다 환한 표정을 지으세요
③ 이로움 보다는 의로움을 생각합시다

■ 끊어서 액센트 주기

강조하거나 집중시켜야 하는 부분에서 한 템포 쉬어주며 액센트를 주면 청자의 관심과 주의를 집중시킬 수 있다. 또한 비슷한 발음이 연속으로 나올 때 앞에서 끊어주면 의미 전달을 정확하게 할 수가 있다.

① 죽느냐 사느냐 그것이 문제로다
② 우리가 지향할 것과 지양할 것을 지정합시다.
③ 동물 학대가 확대되고 있습니다.

■ 평소보다 입 모양 1.5배 크게

발음이 부정확하게 들리는 가장 큰 이유 중 하나는 입을 충분히 벌리지 않아 입안에서 발음과 소리가 웅얼웅얼거리기 때문인 경우가 많다. 입을 크게 벌려 연습하는 훈련을 하면 입 주위 근육과 혀 근육 운동에도 도움이 돼 훨씬 편안하게 발음을 할 수가 있게 된다. 또한 자연스럽게 발음이 잘 되지 않을 때 모음을 따로 표시해서 먼저 모음만 입을 크게 벌리며 발음하는 연습을 하고 익숙해지면 자음과 모음을 함께 발음하면 훨씬 더 잘 되는 것을 느낄 수 있을 것이다. 중요한 스피치를 앞두고 있다면 평소보다 입모양을 1.5배 크게 벌려 과장해서 발음하는 것을 연습하면 도움이 된다.

(3) 제스쳐

사람은 감정에 따라 신체의 동작이 달라진다. 몸짓은 우리의 심리상태를 그대로 드러내기 때문이다. 만약 여러분이 기분이 좋을 때를 생각해 보자. 가슴을 당당하게 펴고 적극적으로 활발하게 움직일 것이다. 그런 반면에 기분이 우울할 때는 어깨를 늘어뜨리고 소극적으로 둔하게 움직일 것이다.

그렇다면 역으로 사람은 움직임에 따라 감정도 달라질 수 있다. 웃는 표정을 지으면 호흡량이 많아지고 걸음걸이가 사뿐사뿐 경쾌해지며 기분이 좋아질 것이다. 그런가 하면 우울한 표정을 지을 때는 호흡량이 짧아지고 기분이 나빠질 것이요, 터벅터벅 걸을 때면 호흡량이 짧아지고 걸음걸이가 무거워질 것이다. 따라서 상대방과 대화를 한다거나 여러 사람 앞에 나서서 발표를 할 때는 스스로의 기분전환부터 할 수 있어야 하며, 표정관리는 물론 몸의 움직임을 활발하게 조절할 줄 알아야 한다.

익숙하지 못하다면 자기 내부의 불안이나 초조감을 고스란히 드러내거나, 오히려 이를 감추려고 몸짓을 과장하다가 오해를 살 수도 있다.

실제로 항공사 면접시에도 적절한 제스쳐나 표정의 변화가 없어서 마치 웃고 있는 로봇이나 마네킹 같은 어색한 인상을 주어서는 곤란하다. 적절한 제스처와 표정의 변화, 시선 처리는 더욱 더 답변을 실감나게 해주고, 면접관으로 하여금 지루해 보이지 않기 때문에 보다 효과적일 수 있다.

MEMO

쉬어가는 페이지

아하~ 그렇군요!

자연스러운 발음

'의'의 발음은 사투리 발음 '으'가 되지 않아야 함은 물론이거니와 가장 신경 써서 발음하고 훈련해야 한다.

'의'는 동일 글자이면서 다음과 같이 세 가지로 발음된다.

① 낱말의 첫 글자로 올 때는 '으이'로 연속 발음한다.

- 의심 → [으이심], 의사당 → [으이사당], 의미 → [으이미]

② 낱말의 중간이나 끝(어미)에 올 때는 '이'가 된다.

- 민의원 → [미니원], 민주주의 → [민주주이], 의의 → [으이이]

③ 소유격 조사로 오는 '의'는 '에'라고 발음한다.

- 나의 → [나에], 나라의 → [나라에], 민주주의의 → [민주주이에]

그러나 자음을 첫소리(초성)로 가지고 있는 경우는 무조건 '이'로 발음한다.

- 희극 → [히극], 띄어쓰기 → [띠어쓰기], 김정희 → [김정히], 무늬 → [무니]

문제

① 의사의 의무 ➜

② 의회 민주주의의 의의 ➜

③ 화술 강의의 기본적인 의의는 의사소통에 있습니다. ➜

④ 성의 있는 의견제시로 원활한 회의진행이 되도록 합시다. ➜

⑤ 교육의 의의의 중요성 ➜

Chapter 06

승무원 커뮤니케이션 능력 계발

01 커뮤니케이션(COMMUNICATION)의 이해

1 커뮤니케이션의 정의

커뮤니케이션은 우리말로 '의사소통'으로 표현된다. 라틴어 'communis'라는 단어에서 유래하였고, 공통(common), 공유(share) 라는 뜻을 가지고 있다. 파생 단어 가운데에는 '공동체'를 의미하는 'community'가 있다. 단어의 의미 속에 우리가 사회 생활을 하며 공동체 생활을 하고 사람들 사이에서 공유하는 무언가가 있음을 암시한다고 볼 수 있다. 의사소통 (communication, 意思疏通)의 사전적 개념은 '가지고 있는 생각이나 뜻이 서로 통하는 것'이라고 정의할 수 있다. NCS직업기초능력에서 정의하는 바는 다음과 같다.

두 사람 또는 그 이상의 사람들 사이에서 의사의 전달과 상호교류가 이루어진다는 뜻이며, 어떤 개인 또는 집단이 다른 개인 또는 집단에 대하여 정보, 감정, 사상, 의견 등을 전달하고 받아들이는 과정이다.

자료 출처: NCS 직업기초능력

커뮤니케이션은 하나 또는 그 이상의 유기체/인간 사이에서 메시지(message)를 주고 받으며 의미를 공유하는 "과정(process)"이며 우리가 관련을 맺고 있는 사람 혹은 세상을 통해 메시지를 보내고, 받고, 해석하는 과정이라고 정의할 수 있다.

커뮤니케이션은 결코 혼자 하는 것이 아니며, 누군가와 나누는 것임을 알 수 있다.

2 커뮤니케이션의 기본 구성 요소와 과정

이와 같이 원활한 커뮤니케이션을 하는 과정에 있어서 기본 구성 요소는 다음과 같다.

커뮤니케이션의 구성 요소	
전달자(source)	커뮤니케이션의 주체이자 메시지를 주는 사람
수신자(receiver)	전달자가 전달하는 메시지를 받는 사람
메시지(message)	전달하고자 하는 내용을 언어, 문자, 몸짓, 기호로 바꾼 것
피드백(feedback)	전달된 메시지에 대한 수용자의 반응 • 피드백은 커뮤니케이션의 과정을 계속 반복, 순환하게 하는 요소
채널(channel)	메시지를 전달하는 통로나 매체 수단 • 매스컴의 경우 : TV, 라디오, 인터넷 등 • 직접 대면 하는 경우 : 목소리가 이에 해당
효과(effect)	커뮤니케이션을 한 결과
잡음(noise)	• 메시지를 정확하게 전달하고 이해하는 과정에서 방해가 되는 것 • 의사전달 과정에서 계획되지 않은 현상이나 왜곡, 신념, 백색소음

자료 출처 : 한국생산성본부, 서비스경영자격, 박문각

커뮤니케이션의 과정은 이러한 기본 요소를 바탕으로 시작과 끝이 보이지 않는 순환적, 역동적이며 계속 이어지는 하나의 과정이라고 할 수 있다.

커뮤니케이션 과정

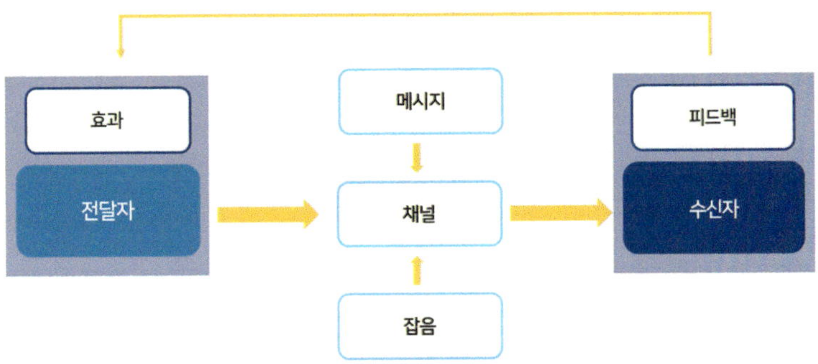

3 커뮤니케이션 5대 방해요소

의사소통이 원활하다는 것은 자신이 전달하고자 하는 의미가 상대방에게 잘 이해되고 받아들여지며, 또 상대방이 전달하고자 하는 의미가 자신에게 잘 이해되고 받아들여지는 상태를 말한다. 하지만 상대방에게 자신의 생각이나 감정 등의 정보를 전달하고 이해하는 과정 또는 상대방의 메시지를 받아들이는 과정에서 방해요인이 작용하게 되면 의사소통이 원활하게 잘 이루어질 수가 없게 된다. 이러한 의사소통을 방해하는 5가지 방해 요소는 다음과 같다.

커뮤니케이션 5대 방해 요소	
왜곡	전달자나 수신자의 능력, 의도하는 바, 가치관, 생각 등의 차이로 원래의 뜻이 제대로 전달되지 않는 경우
생략	수신자가 판단에 필요로 하는 모든 정보를 전달자가 제대로 전달하지 못하는 경우
과중	전달해야 하는 정보나 지식이 너무 많아 합리적 의사결정이 손상을 입거나 전달의 효과가 기대한 대로 나타나지 않는 경우
타이밍	중요한 정보가 필요한 때에 전달되지 않는 경우
수용성	수신자가 정보를 수용하지 않는 경우

자료 출처: 한국생산성본부, 서비스경영자격, 박문각

우리가 사회생활을 하면서 대인관계를 원만히 잘 하기 위해서는 사회적 상호작용을 통한 커뮤니케이션 능력이 중요시 여겨진다. 따라서 커뮤니케이션의 방해요소를 최대한 줄이는 노력을 해야하는데, 의사소통을 하며 외부적, 내부적으로 작용하는 방해요인으로 인한 커뮤니케이션의 오류로 의사소통이 단절되거나 인간관계가 어려워질 수가 있기 때문이다.

4 커뮤니케이션의 중요성

커뮤니케이션 능력이 중요한 이유는 다음과 같이 크게 세가지이다.

첫째, 커뮤니케이션은 개인이 사회적 활동을 하는 기본적 수단이자 도구이다.

직장이나 인간관계를 유지하는데 의사소통이 안되면 업무상 효율성이 떨어지고 심하면 팀 내 갈등이 생기는 문제가 발생할 수 있다. 사적인 관계에서도 우리는 잘

못된 의사소통으로 갈등을 빚거나 곤란한 일을 겪게 된다. 일을 잘하고 능력이 있는 사람이더라도 의사소통 방식이 잘못되거나 인간관계가 좋지 못하다면 사회생활을 하는데 어려움을 겪게 된다.

둘째, 사회생활을 하며 의사소통능력이 필수인 이유는 혼자 진행할 수 있는 일은 없기 때문이다.

항공사에서 승무원으로 근무를 하면 혼자 일하는 것이 아니라 매 비행을 갈 때마다 적게는 4명에서 최대 10명이 넘는 사람들과 팀을 이루어 근무를 하게 된다. 뿐만 아니라 기장님이나 지상직원, 고객들과도 의사소통을 하게 되므로 승무원의 커뮤니케이션 능력은 중요시 될 수 밖에 없다.

마지막으로, 서비스에서 직원의 커뮤니케이션 능력은 곧 서비스 품질과 고객 만족에 결정적인 영향을 미친다.

같은 말이라도 어떻게 표현하는지에 따라서 받아들이는 그 의미와 감정은 다양하다고 할 수 있다. 상대방에게 존중과 관심을 보여주면서 기분 좋게 대화하는 것, 고객의 말을 들을 때는 귀를 열고 표정, 눈빛, 몸, 마음을 상대방에게 집중시켜 경청하고 있다는 자세가 정말 중요하다. 고객의 이야기에 맞장구를 치고 공감하며 대화에는 활기를 더해주고 고객의 마음을 열게 하는 방법이 될 수 있음을 알고 있어야 한다.

최접점에서 고객을 응대하는 승무원의 커뮤니케이션 능력은 고객의 의사결정에 직접적인 영향을 끼칠수가 있고 어떻게 응대하느냐에 따라 고객이 만족할 수도 있고 불만을 가질 수도 있다. 따라서 고객을 존중하는 마음가짐으로 관심을 갖고 고객의 니즈를 파악하기 위한 노력을 기울여야 할 것이다.

02 커뮤니케이션의 유형

커뮤니케이션 즉, 의사소통은 무엇인가 생각을 전달하고 상대방이 이해해서 반응이 오고 가는 과정이라고 할 수 있다. 의사소통을 하는 방법으로 어떤것들이 있을까? 보통 상대방에게 나의 의사를 이해시키기 위해 우리는 언어를 가지고 말로 전달하거나 글로 써서 전달한다. 그렇다면 가령, 우리나라 말을 모르는 외국인과 어떻게 의사소통을 할 수 있을지 생각해보자. 아마도 손짓, 발짓, 표정 등 모든 방법을 동원해 나의 생각이나 뜻을 전달하려고 할 것이다. 이렇게 의사소통은 언어를 통해서만이 아니라 몸으로 이야기하는 것, 신체언어(Body language)로도 의사소통이 가능하다. 이러한 신체언어(Body language)를 언어적 표현이 아닌 비언어적 표현이라고 할 수가 있다. 이와 같이 커뮤니케이션의 유형은 크게 언어적 커뮤니케이션과 비언어적 커뮤니케이션으로 나눌 수가 있다.

미국 캘리포니아 대학 심리학과 명예교수이자 심리학자인 앨버트 메라비안(Alvert Mehravian)은 상대방에 대한 인상이나 호감을 결정하는 데 말보다 비언어적 요소인 시각과 청각에 의해 더 큰 영향을 받는다고 하였다. 효과적인 커뮤니케이션에 있어 비언어적 표현에 해당하는 목소리와 보디랭귀지는 98%의 영향을 미치는 반면, 언어적 표현인 말의 내용은 겨우 7%만 작용한다고 했다.

1 언어를 통한 커뮤니케이션

- 언어는 사회적으로 제정된 기호 체계로 커뮤니케이션의 주요 요소이다.
- 언어는 사람이 생각이나 느낌을 소리나 글자로 나타내는 것이다.
- 인간은 언어를 통해 자기가 생각한 바를 표출하고, 타인의 의사를 수신하여 이해한다.

2 비언어를 통한 커뮤니케이션

- 몸짓이나 시각 또는 공간을 상징으로 하여 의사를 표현하는 커뮤니케이션 방법이다.
- 커뮤니케이션의 93%가 비언어적 채널로 구성되어 의미 전달에 많은 영향을 미친다.
- 언어와 더불어 정보가 전달되는 상황과 해석에 대한 중요한 단서를 제공한다.
- 무의식적으로 드러나는 경우가 많으므로 신뢰성이 높은 의사 전달 수단이 된다.

오래전 광고 중 "말하지 않아도 알아요~"라는 유명한 CM송이 있다. 이 문구와 같이 '눈빛만 봐도 통하는 사이'라는 말도 있고, 우리는 말을 할 수 없는 동물들과도 소통을 할 수가 있다. 이런 것들이 가능한 이유와 마찬가지로 의사소통이라는 건 반드시 언어를 통해서 혹은 말을 전달하고 들음으로서 뿐만이 아니라 눈빛, 몸짓, 손짓, 발짓 등 바디랭귀지를 통해서도 가능하기 때문이다. 이것을 비언어를 통한 커뮤니케이션이라고 할 수가 있다. 그 외에도 비언어적 커뮤니케이션의 유형은 다양하다.

3 비언어를 통한 커뮤니케이션의 유형

① 신체적 모습 : 연구결과에 따르면 사람들은 체형이나 인상 등 외모가 좋은 사람이나, 자신의 외모와 유사성이 있는 사람에게 관심과 호감을 갖는다. 이는 상대방에게 우호적인 이미지를 전달하고 태도 변화에 영향을 준다. 커뮤니케이션을 하면서도 자신의 행동이나 말을 따라하는 사람에게 더 친근함을 느끼고 신뢰를 갖게 되는 것과도 같다.

② 인공물 : 의상, 장신구, 소지품을 이용하여 자신을 표현한다. 옷의 경우 밝거나 어두운 느낌이나 기분을 표현하기도 하고, 사회적 지위나 경제적 차이를 반영한다.

전 미국 국무장관 올브라이트 / 브로치 외교

③ 동작 : 대표적으로 몸짓, 시선, 표정 등을 의미한다. 몸짓은 몸의 일부, 혹은 몸 전체를 움직이는 것을 의미하고, 시선은 상대방을 바라보는 눈길, 표정은 마음속 감정,정서,심리 상태를 표현하는 얼굴의 모양을 나타낸다.

④ 스킨십 : 악수나 포옹 등 사람과 사람 사이의 접촉을 통한 의미 전달을 말한다. 신체 접촉은 강력한 의사소통의 도구로 대인관계에서 친밀함을 전달한다.

⑤ 준언어 : 전형적인 언어 외에 준언어를 통해 의사표현을 하는 경우가 있다. 감탄사, 간투사, 침묵, 웃기, 울기, 속삭이기, 하품하기 등이 있다.

⑥ 이모티콘 : 시간과 공간의 제약을 넘어서는 SNS 상에서의 소통이 활발해지며 온라인에서는 이모티콘과 같은 비언어행위로 이루어지는 의사소통이 일상이 되었다. 이모티콘으로 자신의 감정이나 생각을 보충하고 표현한다.

⑦ 음성 언어 : 말투, 음조의 변화, 음고, 음량, 말의 속도, 발음을 통해 다양한 메시지를 판단하는데 영향을 미칠 수 있다. 또한 화자의 감정과 태도를 반영하고 정확한 의사전달에 도움을 준다.

스티브 잡스

03 경청의 스킬

1 경청에 대한 일반적 경향

적극적인 경청은 고도의 집중력과 훈련을 필요로 한다. 적극적인 경청은 그냥 듣는 것이 아니라 말하는 화자의 말 속에 담긴 의미와 기분을 알아채고 수신자가 어떻게 이해하고 받아들이는지를 전달하여 확인시켜 주는 것이다. 사람들은 이야기를 들은 후 10분이 경과하면 내용의 50%만을 기억하며, 48시간이 지나면 기억에 남는 내용은 25%로 줄어들게 된다. 그나마도 상대방의 이야기를 들으면서 머리 속으로 다른 생각을 하거나 비교, 판단, 지적 등을 하느라 집중하지 못하는 경우가 있다.

2 효과적인 경청을 위한 방법

① 경청의 1,2,3 기법

경청은 의사소통의 기본 핵심이라고 할 수 있으며 상대방과 의사소통을 할 때는 1번 말하고, 2번 듣고, 3번 맞장구 치는 '경청의 1,2,3' 기법을 활용한다. 말하는 것 보다는 더 많이 들으며 말하는 사람의 이야기에 귀기울여 경청을 하고 온몸으로 맞장구를 표현해야 한다. 전달자의 비언어적 커뮤니케이션을 관찰하여 표정, 행동, 제스처를 통해 전달하고자 하는 진심을 캐치할 수 있어야 한다. 우리나라 사람이라면 모를 수 없는 개그맨 유재석씨가 국민MC가 된 이유 중 하나가 이러한 경청을 잘 활용했기 때문이라고 할 수 있다.

② 공감 백트래킹(back-tracking)

백트래킹이란 대화를 하며 상대의 말 중 중요한 핵심 단어와 감정을 반복하며 상대에게 "당신의 말에 집중하고 있고 관심이 있어요"라는 느낌을 주는 방법이다.

공감 백트래킹 예시)

A : 이번 학기 성적이 좋아 성직우수 장학금을 받게돼서 정말 기뻐요.

B : 오~ 장학금을 받게 되어 무척 기쁘겠네요.

커뮤니케이션을 하며 전달자의 메시지 내용 중 동의할 수 있는 부분을 찾아 공감을 해야 한다. 전달자의 이야기를 들으며 주관적인 의견을 개입하는 행위 - 충고, 조언, 평가, 판단 을 지양하며 메시지를 있는 그대로 받아들여야 한다. 의사소통에서 큰 영향을 미치는 부분은 감정이라고 할 수 있는데 긍정적인 감정이나 부정적인 감정을 모두 표현하고 상대와 공감하는 것은 매우 중요하다. 의사소통을 하며 상대방과 감정적으로 동일시하며 공감을 하게 되면 자신의 이야기를 잘 이해하고 자신의 마음을 이해해준다고 느낄 때 친밀감과 신뢰감이 생기게 된다. 공감을 잘 하는 사람들은 상대방의 입장에서 경청을 할 수 있다.

③ 미러링 기법

커뮤니케이션을 할 때 거울을 보듯이 상대방의 표정, 자세, 무드를 비슷하게 연출하여 상대방의 말에 공감을 하며 맞장구 치는 방법을 '미러링(Mirroring)'이라고 하는데 이는 BMW로 표현할 수가 있다. BMW를 활용하여 수신자는 전달자의 메시지를 진정으로 듣기 원한다는 것을 보여줄 수 있다.

- Body(자세) : 표정이나 눈빛, 자세 등을 상대방에게 집중하고 상대와 같은 자세와 동작을 취하는 것
- Mood(분위기) : 말투나 음정, 음색, 속도, 음의 고저 등을 적절하게 표현, 상대방의 호흡이나 음색을 맞추는 것
- Word(말의 내용) : 상대방의 말과 핵심단어를 반복하여 상대가 원하는 것에 집중하는 것

3 경청의 방해 요소

경청을 잘 하는 방법을 알고는 있지만 실천하기가 쉽지가 않은 경우도 있다. 그 이유는 우리의 머리와 마음속에 경청을 방해하는 요인이 꽤 많은 탓이다. 실제 상황에서 자주 발생하는 경청을 방해하는 요인에는 어떤 것들이 있는지 알아보도록 한다.

경청의 방해 요소	
무관심	상대방의 말을 들으면서 머릿속으로 다른 생각을 하거나 메시지 내용에 대해 무관심할 경우 경청은 어렵다.
평가적 청취	충고나 조언을 하려 하거나 상대방의 이야기에서 잘못된 점을 지적하고자 하고 판단하는 것에 열중하는 것이다.
말하기 선호	전달자의 메시지를 듣는 순간에도 자신이 할 말을 생각하는 경우 경청은 어렵다.
편견 / 선입견	전달자에 대한 평판이나 근거 없는 편견은 경청을 방해한다.
문제의 유사성 해석 방식의 차이	전달되는 내용이 자신의 경험과 유사하거나 전달자와 다르게 상황을 해석하고 이해하는 것은 모두 경청의 방해 요소이다.
문화적 차이	나라별 관습이나 경제적 격차 등으로 인한 문화의 차이는 경청을 방해할 수 있다.

우리는 커뮤니케이션의 많은 부분을 경청에 할애하지만, 그럼에도 불구하고 좋은 경청자는 아니라는 사실을 알 수 있다. 경청을 방해하는 요인은 이 외에도 많겠지만 이러한 방해요인들을 배제하여 타인과 의사소통을 해 나가야 한다.

경청 능력 자가 진단 TEST

❖ **나의 듣기 능력은 얼마일까? (각 항목별로 테스트 해 보세요.)**

문항	① 매우 아니다	② 아니다	③ 보통	④ 그렇다	⑤ 매우 그렇다
1. 나는 내가 말하는 것 만큼만 듣거나 또는 그보다 덜 듣는다.					
2. 나는 이야기 중에 산만해지지 않고 집중하여 들을 수 있다.					
3. 상대방이 말을 끝낼 때까지 참을성 있게 듣고 나서 내 생각을 말하거나 답한다.					
4. 다른 사람들이 나누는 대화를 들을 때 지루하지만 참아낼 수 있다.					
5.다양한 의견, 특히 나와 다른 의견을 열린 마음으로 듣는다.					
6. 대화가 끝나고 1시간 후에도 내용을 정확하게 기억할 수 있다.					
7. 상대방의 말, 제스처, 표정 등에 주의를 기울여 듣는다.					
8. 내용을 이해하지 못하면 그 사실을 인정한다.					
9. 메시지를 더 효과적으로 전달하기 위해 사용하는 말, 목소리, 어조, 비언어적 요소를 항상 조절한다.					
10. 다른 사람들이 말하는 내용을 판단하지 않으며, 그들이 대화를 끝낼 때까지 결론을 내리지 않는다.					
11. 모든 중요한 대화를 메모한다.					
12. 일치하는 부분을 찾으려 하고, 그렇지 않은 부분은 중요시하지 않는다.					

자료 출처: 한국고객만족코치협회, https://cafe.naver.com/cscoach119

◆ 진단 결과 ◆

50점 이상 : 경청 능력이 탁월하네요!

40점 이상 : 경청 능력 우수해요.

30점 이상 : 경청에 좀 더 노력이 필요해요.

25점 이하 : 상대방의 말에 귀기울이도록 노력하는 자세를 기르도록 노력해주세요.

04 서비스 커뮤니케이션(COMMUNICATION)

1 고객에 대한 이해

서비스를 받는 주체 즉 고객이라는 단어의 의미를 해석하고자 한자로 풀이해보면 '돌아볼 고'(顧) '손 객'(客)이다. 다시 말해 기업의 입장에서 볼 때 다시 와 주었으면 하는 사람들인 것이다. 흔히 '손님'이라는 용어로 표현되기도 한다.

고객은 앞으로 상품 및 서비스를 구입하여 사용할 가능성이 있는 사람이거나 이미 그 상품 및 서비스를 구입해서 사용하는 사람을 말한다. 처음 찾았는데 기분좋은 마음으로 상품과 서비스를 제공받는다면 다시 찾게 되고, 뭔가 맘에 들지 않거나 불쾌했다면 그래서 한번 마음이 떠났다면 그 고객이 다시 돌아오기는 매우 어렵다. 하지만 또 이런 불만 고객을 잘 관리하면 단골 고객으로 돌릴 수도 있기에 우리는 고객이 우리 회사나 기업을 다시 찾게 만드는 것 그것이 서비스업에 종사하는 사람들의 몫이라 할 수가 있다.

고객은 제각각 다양한 욕구와 니즈를 가지고 있고 고객의 서비스에 대한 욕구와 기대는 날로 점점 커져감에 따라 그 기대를 충족시켜 경쟁에서 살아남으려면 우리가 고객의 기대를 파악하고 고객 만족을 이루어 내야 한다. 그것은 바로 서비스 제공자가 고객을 대하는 태도와 밀접한 관련이 있다. 고객에게 기분 좋은 경험을 주고 그래서 다시 찾고 싶게 만드는 것이 직원과 고객을 대할 때 보여지는 직원의 태도 즉, 고객을 대하는 자세와 소통하는 방법이며, 이때 필요한 것이 바로 서비스 커뮤니케이션이다.

최근의 연구들에서도 서비스 제공자가 고객에게 표현하는 방식, 말하는 방식이 경영성과에 영향을 미친다고 제시하고 있다(Depaulo 1992). 이러한 서비스제공자의 커뮤니케이션은 고객의 반응에 영향을 미치고 있으며, 결국에는 기업성과에도 큰 영향을 미치게 됨을 알 수 있다.

2 서비스 커뮤니케이션의 원칙

서비스 커뮤니케이션은 고객응대에서 필요한 기본 소통 방법이다.

다양한 고객의 니즈와 욕구를 충족시키기 위해 서비스 최일선에서 근무하는 승무원으로서 고객 맞춤, 고객 만족 커뮤니케이션 능력을 개발해야 할 것이다.

① 배려

상대방의 입장에서 공감하며 대화하는 것은 고객을 배려해서 직원이 고객의 입장에서 이야기를 하는 것이고 고객의 상황이나 상태에 공감한다는 의미이다.

② 명확

고객이 원하는 정보를 명확하게 전달을 하면 고객은 직원에게 더 나아가 기업에 대한 신뢰감이 쌓이게 된다.

③ 간결

말을 듣는 사람의 수준과 연령, 그리고 지식의 정도에 따라 단어의 선택이나 문장을 간결하게 함으로써 듣는 이의 눈높이에 맞춰서 대화를 하는 것이다.

④ 정중

말을 잘 하는 직원이 아닌 고객을 배려하며 겸손과 존경의 마음으로 대할 때 고객은 마음을 열고 움직인다.

3 서비스 커뮤니케이션 전략

(1) 친밀감(라포, Rapport) 형성

친밀감은 의사소통에서 상대방과 형성되는 친밀감 또는 신뢰관계를 말하며 서비스 제공자의 친근감은 서비스 제공자에 대한 고객의 신뢰에 영향을 미치고, 고객이 구매 후 불만을 제기하였을 때 서비스 제공자가 고객의 불만을 수용하면 친밀감이증가하지만 서비스 제공자가 불만을 부정하면 친밀감이 감소된다(Doney and Cannon 1997). 고객과 라포 형성하는 방식으로 언어를 통한 고객과의 대화에서 고객의 말에 경청을 하고 고객의 자세나 행동이나 표정 등을 고객과 일치시켜 들을 때 고객은 나와 공감하고 있다고 느끼게 된다. 이와 같이 감정을 배려하고 공감하면서 표정과 제스처를 또는 반응을 관찰하고 고객과의 감정과 매칭시켜 주며 고객의 말을 재반복하고 행동 표정과 비슷하게 따라해주는 것이다. 이러한 모습에서 고객은 상대방에게 신뢰를 갖게되며 친밀감을 높일 수 있다. 또한 고객의 말의 핵심 내용을 파악하여 고객이 서비스 제공자에게 친밀감을 갖게 되면 서비스의 품질과 구매하는 상품에 대한 신뢰도와 만족도가 상승하게 된다.

(2) 표현의 차이

한 수도원의 아름다운 장미정원이 유명해 수많은 관광객들이 매일 찾아왔다. 하루는 신부님이 장미정원을 관광객들에게 보여주며

"저를 따라오십시요. 수도원의 장미를 여러분들께 보여드리죠."라고 말하였다. 손님들은 신부님을 따라가면서 자신들의 대화에 집중할 뿐 장미에는 전혀 신경을 쓰지 않는 모습을 보였다.

그리고 다음날 신부님은 장미정원을 찾은 다른 관광객들에게 이렇게 말하였다.

"저를 따라오십시요. 저희 수도원의 장미에게 여러분을 보여드리고 싶습니다." 라고 말하였다. 그러자 사람들은 전날과는 다르게 신부님을 따라가면서 장미에 관심을 갖고 세심하게 하나하나 훑어보는 모습을 보였다.

이때 전자의 경우에는 장미가 메인 주체가 되고 손님이 들러리인 느낌이 들어 손님들은 장미에 관심이 없을 수 밖에 없지만, 후자의 경우 손님이 메인이 되어 나

에게 귀중한 손님이니 아름다운 장미에게 당신들을 소개시켜주겠다는 의미로 전달이 된다. 이 일화에서 볼 수 있듯 말을 할 때 상대방에게 받아들여지는 느낌은 표현의 차이로 크게 달라질 수가 있다는 걸 알 수가 있다.

옛말에 '아'다르고 '어'다르다는 말이 있다. 날씨가 덥거나 바쁜 와중에는 손님들께 같은 말이라도, 불편하게 들릴 수도 있기 때문에 같은 의미라도 어떻게 표현하느냐에 따라 상대방이 느끼는 것은 매우 달라질 수가 있다.

다음에서 고객과 의사소통을 할 때 효과적인 커뮤니케이션 화법 몇가지를 소개하려고 한다.

① Yes, But 화법

거절을 하거나 상대가 다른 의견을 말할 때 먼저 동조를 하고 그 다음 자신의 생각을 제시하여 서로 윈윈하는 화법이다.
고객의 말에 먼저 동의와 공감을 표현하며 고객을 우선 인정해줘야 한다. 그리고 뒤에 하고자 하는 말을 하는 것이다. 즉, "(Yes,) 네, 고객님의 말씀이 맞는 것 같습니다. (But,) 그러나 제 생각에는 이렇게 하는 것이 더 좋을 것 같습니다."하는 식으로 먼저 고객의 의견에 먼저 동조해주는 것이 중요하다고 할 수 있다.

② 쿠션 화법

쿠션어란 권유, 지시, 명령, 거절 서두에 들어가는 말을 뜻한다. 가령 기다리는 고객에게 기다려달라는 말 앞에 "괜찮으시다면, 번거로우시겠지만, 죄송합니다만,"등과 같은 쿠션어를 넣어 줌으로서 냉정하고 단호하게 하는 말이 아닌 전달하고자 하는 메시지 앞에 미안함을 전달하고 부드럽게 말하는 방법이다.

③ IF화법

직접적으로 말하기 보다는 같은 뜻의 말이라도 상대의 개선점을 말하고 강점을 떠올리게 만드는 화법이다. IF는 말 그대로 '만약에 ~라면'이라는 가설을 의미하는 것으로 고객을 설득하거나 고객에게 요청을 드려야 할 때 효과적으로 작용할 수 있다. 이를 테면 "손님 건물안에서는 금연입니다." 대신 "손님 건물 외부에 흡연실이 마련돼 있으니 그쪽을 이용해주신다면 감사하겠습니다."라고 간접적으로 고객에게 행동변화를 요청할 수가 있다.

④ 레이어드 화법(청유형)

청유형 화법이라고도 하며 반발심이나 거부감을 일으키는 명령 어조나 지시어 대신, 의뢰형, 청유형 또는 질문형으로 바꿔 말하는 화법이다. 명령형의 표현은 고객에게 거부감을 불러일으킬 수 있다. "잠시만 기다려주세요"라는 표현보다는 "(괜찮으시다면) 잠시만 기다려주시겠습니까?"라는 청유형으로 고객의 의사를 묻는다면 고객의 입장에서는 훨씬 존중받는 느낌이 들 수가 있다.

⑤ 긍정 화법

고객과의 의사소통을 하며 긍정적인 부분을 중심으로 표현하는 것이다. 부정적 표현은 상대방의 자존심을 상하게 하여 불쾌감을 느끼게 할 수가 있다. 같은 말도 긍정적인 부분을 강조해서 말하면 거부감을 줄일 수 있다. 단점보다는 장점을 찾으려 노력하고, 감사하는 마음을 갖는다. "늦게 받아 죄송합니다."보다는 기다려주셔서 감사합니다." 와 같이 바꿔 말하면 자신의 자존감도 같이 향상되고 기분이 좋아진다. 흔히 컵에 담긴 물을 보고 "물이 반밖에 안 남았네."라고 하는 것과 "물이 반이나 남았네"라고 하는 말에서 느껴지는 차이에서도 알 수 있듯이 긍정적인 말의 힘, 우리가 어떤 마인드로 어떻게 표현하는 지에 따라 고객이 느끼는 서비스의 퀄리티와 서비스의 결과에 대한 격차는 매우 달라지게 된다.

⑥ 아론슨 화법

긍정적인 내용과 부정적인 내용을 함께 말해야 할 때에는 부정의 내용을 먼저 말하고 끝날 때 긍정적 의미로 마감하는 것이 좋다. 가령, 옷을 사려고 할 때 "왜이렇게 비싸요?"라는 고객의 질문에 "맞아요, 가격은 좀 비싸지만 옷감의 촉감과 재질은 최고의 퀄리티라서 다른 고객들의 만족도가 높습니다."라고 긍정적인 부분을 강조해주는 것이다. 상대방의 말에 호응을 하면서 장점을 더 부각시키는 대화법이다.

⑦ I-message 화법 (주어를 '나'로 표현하기)

너 중심의 표현들을 나 중심의 표현으로 바꿔 말하는 화법이다. '나는 이렇게 생각했는데, 당신은 어떤가요?'라는 느낌을 전달해 주어 소통을 원활하게 한다. 상대방에게 나의 의사를 충분히 전달하면서도 상대방이 기분 나쁘지 않게 자신의 행동을 반성하고 개선할 마음을 가지게 한다. I-message 화법의 형식으로는 '상황(상대방의행동) -〉 결과(나에게 미친 영향) -〉 느낌(내가느낀감정)'의 방식으로 전달한다. 가령 자주 지각하는 친구에게 '너는 왜 매일 지각하니?' 라고 불평하기보다는 "네가 지각할 때마다 나와의 약속을 중요하게 여기지 않는 것 같아 나는 너무 속상해."라고 표현하는 것이 훨씬 부드럽게 나의 감정과 상황을 상대에게 전달하는 방법이 될 수 있다.

(3) 맞장구

고객에게 보다 적극적으로 관심을 표현하고 공감하는 방법에는 경청하는 방법이 있다. 경청하는 방법 중 하나인 맞장구는 비언어를 통한 커뮤니케이션방법으로 BMW를 활용하는 것 뿐만 아니라 언어를 통해 공감, 동조, 호응, 정리와 같은 의사 표현을 할 수 있는 기술이 있다.

① 공감의 맞장구

공감의 맞장구는 고객에게 느껴지는 감정을 말로 표현하면서 공감해주는 것인데, 고객이 불만사항을 토로할 때에 "어유 고생하셨겠어요, 얼마나 힘드셨겠어요, 저같아도 엄청 속상했을 것 같아요" 와 같은 말로 고객의 감정에 자신의 감정을 이입해 의사 표현을 해주는 것이다.

② 동의의 맞장구

고객의 말을 적극적으로 동감, 동의, 동조를 표현하는 맞장구이다.
"정말 그랬겠네요, 말씀이해합니다, 맞아요, 정말 그래요, 그렇죠? 옳은 말씀입니다."와 같은 표현을 해주는 것을 말한다.

③ 흥을 돋구는 맞장구

고객이 더 신나서 말할 수 있도록 돕는 맞장구로 고객의 말을 들으며 표정과 행동을 동일시하면 더욱 효과적이다.
"그래서요? 그리구요? 그 다음에는요? 어떻게 됐어요?" 와 같이 흥미를 표현해주는 표현을 한다.

④ 정리하는 맞장구

고객의 말을 다시 한번 정리하면서 요약하는 것으로 고객과의 대화를 귀담아 들었다는 것을 표현할 수 있고 고객의 의견을 다시 한번 확인하는 기회가 될 수도 있다.

"그 말씀은 ~ 이셨군요, 이렇게 됐다라는거죠, 이런게 중요한거군요"라고 되묻는다면 고객의 맘을 사로잡을 수가 있다. 고객에게 논리 정연하게 정리해서 말해서 설득하는 것 보다는 고객이 하고 싶은 말을 다 할 수 있도록 돕는 것이 최고의 서비스 커뮤니케이션의 방법이 될 수가 있다.

서비스를 하고 고객을 응대할 때 이러한 방법들을 잘 활용한다면 좀 더 따뜻하고 배려심 넘치는 커뮤니케이션을 할 수 있다.

MEMO

Chapter 07 승무원의 내적 이미지 계발

01 마인드 함양

1 서비스 마인드

(1) 웃음을 통해 마인드 컨트롤하라

미국 스탠퍼드 대학의 윌리엄 프라이 교수는 웃음을 앉아서 하는 조깅에 비유했다. 하루 백번 웃으면 10분 동안 보트 레이스 운동을 한 것과 같은 효과가 있다는 것이다.

특히 여성에게 있어서 〈〈최고의 화장술은 웃는 것〉〉 이라는 말이 있을 정도로 웃음은 그 자체가 아름답고 매력적이다.

일부러라도 자주 웃다보면 이상하리만치 웃음이 잘 나오게 된다.

외국의 서비스 맨들은 거울 앞에서 [치-즈]발음을 해보며 표정연출의 연습까지 한다지 않는가. 스스로 웃다보면 스스로 즐거워지는 것이 바로 웃음 이다.

미국의 [제임스]와 덴마크의 [랑케]는, 사람은 슬퍼서 우는 것이 아니라 울기 때문에 슬퍼지며 즐거워서 웃는 것이 아니라 웃기 때문에 즐거워진다는 심리 이론을 발표한 바 있다. 언짢은 일이 있더라도 웃다보면 즐거워지고 그래서 다시 웃게 되는 것이다. 이게 웃음의 마력이다.

고객을 대하기 전 자기 자신부터 대하고 고객을 위해 웃기 전에 먼저 스스로를 위해 웃어라.

서비스 맨이라면 즐거워서 웃는 게 아니라 스스로를 즐겁게 하기 위해서 달관한 듯 웃을 수 있는 여유를 터득해야 한다.

(2) 칼 알브레이트의 '서비스의 7대 죄악'

(The seven Sins of Service)

칼 알브레이트는 서비스 업에서 공통적으로 발견되는 종업원 서비스 응대태도를 다음과 같이 7가지로 정리했다.

1. 무관심(Apathy)
   - 나와는 관계 없다는 식의 태도(고객이 창구에 다가와도 쳐다보지 않는 경우)
2. 무시(Brush -off)
   - 마치 먼지를 털어내듯이 고객의 요구나 문제를 못본척 하고 고객을 피하는일
3. 냉담(Coldness)
   - 고객에게 '귀찮으니 저리 좀 가'라는 식의 적대감, 무뚝뚝함(퉁명스러움),친근하지 못함, 고객사정을 고려하지 않음, 조급성을 표시하는 것
4. 건방떨기, 생색(Condescension)
   - 의사가 환자를 다루듯이 생색을 내거나 어딘지 모르게 건방진 태도
5. 로봇화(Roboyism)
   - 종업원이 완전히 기계적으로 응대하므로 고객 개인사정에 맞는 따뜻함이나 인간미를 전혀 느낄 수 없는 태도
6. 규정핑계(Rule Book)
   - 고객만족보다는 조직의 내부규정을 앞세우기 때문에 종업원이 재량권을 행사하거나 예외를 인정할 수 없어 상식이 통하지 않는 경우
7. '뺑뺑이' 돌리기(Run around)
   - '죄송합니다만 ㅇㅇ으로 가 주십시오, 여기는 담당이 아닙니다.'식으로 고객을 다른 부서로 미루는 태도

(3) 고객이 고객을 부르는 '250의 법칙'

한 사람의 인간관계 범위는 대략 250명 수준이다.

나는 한 사람의 고객을 250명 보기와 같이 한다.

한 사람의 고객을 감동시키면 250명의 고객을 추가로 불러올 수 있다.

반면에 한 사람의 신뢰를 잃으면 250명의 고객을 잃는 것이다.

– 미국 자동차 세일즈 왕 조 지라드 (Joe Girard)

35세 까지 40여개 직장을 전전하던 별 볼일 없던 사람이었던 조 지라드는 250 법칙을 깨닫고 고객 한명 한명에게 최선을 다함으로써 연간 3,001대의 자동차를 팔아 기네스북에 오를 정도의 최고 세일즈맨이 되었다.

'한 사람의 고객을 250명의 고객처럼 대하라'

고객중심사회에서 꼭 새겨야 할 귀중한 법칙임에 틀림없다.

(4) 고객만족 사례

① #1. 세 가지 귀

약사 P씨는 자신 약국 공중전화 박스에서 전화를 하고 있는 한 청년의 전화 내용을 우연히 듣게 되었다.

"안녕하십니까? 박 회장님 댁이죠. 댁의 정원사 자리를 얻고 싶어 전화를 드렸습니다."

"................"

"무슨 말씀이시죠. 아, 그렇습니까? 이미 정원사를 두고 계시다구요,"

"..............."

"그 사람은 좋은 정원사입니까? 일은 잘합니까?"

"..............."

"그가 하는 일에 대해 만족하십니까? 혹 당신이 했으면 하는 일을 그가 하지 않는 경우는 없습니까?"

그를 계속 고용할 생각이십니까?"

"……………"

"잘 알겠습니다. 그런 훌륭한 정원사를 두고 계시다니 저도 기쁘군요. 어쨌든 감사합니다.

안녕히 계십시오."

통화가 끝나자 P씨는 궁금하다는 듯이 청년에게 물었다.

"방금 우연히 전화 내용을 듣게 되었는데 내가 상관할 바는 아니지만 말이야.

자네는 박 회장님 댁 정원사가 아닌가?"

"맞습니다. 전 단지 제가 일을 잘 하고 있는지 알고 싶었을 뿐입니다."

어린 나이임에도 불구하고 그 청년은 고객을 유지하는 비결이 어떤 것인지를 잘 알고 있었다.

고객이 원하거나 기대하는 바를 알기 위해서는 '고객의 소리(Voice of Customer)'를 체계적이고 정기적으로 체크해야 한다.

고객은 기업에게 끊임없는 아이디어를 제공해 주는 원천이며, 기업은 고객과의 대화를 통해서 항상 그들의 욕구를 파악하고 잘못된 점을 개선하려는 자극을 받아야 한다.

그런데 고객의 소리는 노력 없이 비교적 쉽게 들리는 경우도 있지만, 그렇지 않는 경우가 대부분이다. 고객이 자신의 욕구를 명확히 표현할 수 없거나 제품이나 서비스에 대해서 가진 문제점들을 기억할 수 없는 경우가 있으며 또한 고객의 소리가 회사 내부로 들어오지 못하거나 들어온다 하더라도 현장에서 묵살되는 경우가 많다.

기업이 고객의 소리를 듣기 위해서는 세 가지 귀를 가져야 한다.

첫째, 고객이 말하는 것을 듣는 귀를 가져야 하고,

둘째, 고객이 말하지 않는 것을 듣는 귀를 가져야 하며,

셋째, 고객이 말하려고 해도 말할 수 없는 것을 듣는 귀를 가져야 한다.

세 가지 귀를 가지기 위해서는 위의 이야기 속에서 나오는 정원사의 지혜를 가지고 창의적 노력을 기울여야 한다.

② #2. 노드스트롬(Nordstrom) 백화점 사례

서비스의 선진국 미국에서 고객만족도의 선두를 지키고 있는 노드스트롬 백화점의 서비스 사례를 들어 보자.

하나.

노드스트롬에는 다음날 까지 정장의 사이즈를 교정해 주는 서비스가 있다. 한 신사가 주위의 권유로 노드스트롬에서 정장을 맞춘 후 사이즈를 치수에 맞게 교정을 부탁하였다. 그리고 그는 문을 닫기 몇 분전에 매장을 찾아 옷을 찾아 가려고 했으나, 아직 교정이 덜된 상태였다. 그 신사는 불쾌한 마음으로 집으로 돌아갔고, 다음날 그는 다른 지역으로 출장을 가게 되었다. 출장을 가서 회의를 끝마치고 방에 들어갔는데, 테이블에 어제 맞춘 정장이 들어있는 상자가 있었다. 그것은 노드스트롬에서 교정을 마친 후 집으로 연락을 해서 호텔을 알아내고, 객실을 알아내서 특급으로 배송을 한 것이었다. 거기에 정말 죄송하여 디자이너들과 상의하여 정장에 어울리는 넥타이 3장을 같이 보낸다는 편지와 넥타이가 들어 있었다.

둘.

노드스트롬에 입사하신 것을 환영합니다.
당신을 맞이하게 되어 기쁘게 생각합니다.
우리의 최고 목표는 고객에게 최상의 서비스를 제공하는 것입니다.
개인적 목표와 직업적 목표 모두를 높게 가지십시오.
당신은 그 모두를 이룰 수 있을 거라고 확신합니다.
노드스트롬의 규칙은 다음과 같습니다.
규칙1. 모든 상황에서 스스로 최선의 판단을 내릴 것.
그 외에 규칙은 없습니다.
의문점이 있으면 매장 지배인이나 상점 지배인, 각 부문 지배인에게 물어 보십시오.

위의 내용은 노드스트롬Nordstrom 신입사원이면 누구나 읽게 되는 이 백화점 사원안내서에 실린 내용이다. 고객을 만족시키기 위해서는 무슨 일이라도 하라는, 고객 최우선 원칙은 '머리로 앞서 가는 것이 아니라 서비스로 앞서 간다.'는 노드스트롬 주의를 낳았으며 미국 최고의 고객서비스로 정평이 나게 한 비결이기도 하다.

2 책임감

(1) 사장 마인드로 서비스하라

스칸디나비아 항공사를 흑자로 전환시킨 얀 칼슨 회장은 서비스 패러독스(구조조정이 점점 더 치밀해져 종업원 수는 줄어든 반면, 서비스에 대한 고객의 욕구는 증대되는 현상)를 타파하기 위한 처방을 내리며 중간관리자들에게 다음과 같이 이야기했다고 한다. "당신들의 임무는 최 일선에 있는 종업원들을 감독하는 것이 아니라, 그들을 지원하는 것이다. 자신들이 존경 받고 있다든지, 일선에서 일하는 사람보다 뛰어나다든지, 혹은 그들과 차원이 다른 업무를 수행하고 있다고 여기는 것은 잘못된 생각이다. 최 일선에 있는 종업원들의 애로사항을 파악하고, 그들의 고민을 들어주고 적절한 지원을 해야 한다."

구체적으로 어떻게 하는 것이 현장의 서비스 맨을 지원하는 것인가? 핵심은 권한을 위임하는 것이다. 고객은 어떤 문제가 발생했을 때 사장과 상대하려고 하거나, 적어도 매니저와 상황을 마무리 지으려고 한다. 왜냐하면 고객은 누구와 상대하느냐에 따라 자기의 클래스가 정해진다고 생각하기 때문이다. 한편 고객들은 의외로 자유재량권을 가진 서비스 맨을 원하곤 한다. 따라서 서비스 맨이 어떤 문제가 발생했을 때 자기 선에서 일을 마무리 짓지 못하게 되면 자괴감을 느낄 수 있다.

그런 의미에서 최일선 서비스 맨의 클래스는 매니저급, 아니 사장급이 되어야 한다. 그런데 과연 이것이 가능할까? 참고로 노드스트롬 백화점의 매뉴얼 북 첫머리에 나와 있는 사규 제1조에는 '모든 상황에서 스스로 최선의 판단을 내릴 것. 그 외의 규칙은 없다'라는 문구가 있다고 하는데, 이는 서비스 맨에게 권한을 부여한 것이다. 이런 식으로 하면 간혹 실패가 발생하기도 한다. 하지만 가만히 앉아 아무 일도 하지 않는 것보다 실패할 확률이 훨씬 낮다.

(2) 우리는 신사숙녀를 모시는 신사숙녀다

> *"We are Ladis and Gentelemen Serving Ladies and Gentlemen."*
> *우리는 신사숙녀를 모시는 신사숙녀다.*

이것은 리츠 칼튼의 사훈(MOTTO)이다. '우리는 신사 숙녀를 모시는 신사 숙녀이다'라는 사훈은 당당하면서도 오만하지 않은 리츠칼튼의 자존심 선언이다.

이것은 진정한 서비스는 자존심의 발로(發露)라는 것을 잘 함축하고 있다.

이 한마디에는 리츠칼튼의 직원이 누구이며, 어떻게 행동해야 하는지를 잘 나타내고 있다.

상호간의 존경과 자신에 대한 존경을 함께 강조한 내용은 그들의 당당함과 자존심을 함축하고 있기도 하다.

또한 리츠칼튼 호텔에서는 고객의 불만해소를 위해서라면 상사 사전승인 없이도 2,000달러까지 지출할 수 있도록 종업원들에게 권한이 위임되어 있다.

예를 들어 실수로 손님의 옷에 커피를 쏟았다면 직접 옷을 사주기도 하고, 객실배정에 착오가 있었다면 정중한 사과의 의미로 포도주나 과일바구니를 고객에게 선물할 수도 있다.

이처럼 세계적 수준의 조직에서는 '고객과 현장을 가장 잘 아는 사람이 일선직원이기 때문에 그들에게 마땅히 권한을 위임한다'는 서비스철학을 갖고 있다.

리츠칼튼 호텔의 사례는 이러한 철학이 실제로 어떻게 구현되고 있는가를 잘 보여주고 있다.

02 항공 지식 계발

1 항공관련

(1) 항공기 운항과 기후

장마철 단순히 비가 많이 온다고 해서 항공기 운항이 지장을 받지는 않는다. 착륙을 위한 최소한의 시정 확보가 어려울 만큼의 순간적인 폭우라면 영향을 받을 수 있다. 하지만 태풍 영향권에서는 상황이 다르다. 그것은 태풍이 동반하는 강한 바람과 난기류 때문이다.

항공기 운항은 바람에 매우 민감해 항공기별 이륙 및 착륙제한 기준을 두고 있으며, 기준 이상의 바람이 불거나 예상되는 경우 항공기 운항에 지장을 받을 수 있다.

장거리를 운항할 경우 목적 공항에 접근할 시점에 바람의 강도가 착륙 허용치를 초과하는 경우도 발생하는데 이때는 목적 공항 상공에서 선회비행을 하면서 기상 호전을 기다리기도 하고 착륙이 불가능할 경우, 대체공항으로 회항하는 것을 기본 절차로 하고 있다.

참고로 활주로 정면보다 측변에서 부는 바람이 항공기 이착륙에 더 큰 지장을 주는데, 측풍이 허용 기준치 이상 불게 되면 폭이 한정돼 있는 활주로의 중앙에 항공기를 정확하고 안전하게 접지시키기 어렵기 때문이다.

비행 중에 난기류가 예상되거나 보고된 지역이 있으면 조종사들은 난기류를 피해 계획된 항로를 바꿔서 비행하게 된다. 하지만 난기류 지역이 예상보다 매우 넓어 순간적으로 항로 변경이 불가능하거나, 사전에 예상이 불가한 난기류 지역을 통과할 경우, 갑작스럽게 항공기가 흔들릴 수도 있다. 그래서 좌석에 앉아 있을 때는 좌석밸트를 착용하도록 권하는 것이다.

(2) 조류 충돌

새는 지금까지는 전혀 위협의 대상이 되지 못했던 존재였으나 비행기의 발전과 더불어 위험한 존재로 바뀌어버렸다.

기껏해야 몇 백 그램에서 몇 킬로그램 정도에 불과한 작은 새 한마리가 B747 점보 비행기와 부딛히기라도 한다면 단순히 정비를 위해 항공기를 땅에 세우는 정도를 넘어 화재나 항공기 추락의 경우까지 발생시킬 수 있다는 얘기다.

이를 흔히 조류 충돌 "버드 스트라이크 (Bird Strike)"라고 부른다.

예를 들어, 8kg의 새가 시속 960km로 나는 항공기와 부딪치면 64톤 무게의 충격을 준다고 한다.

사실 항공기가 어느 정도 고도로 올라가면 새와 충돌할 가능성이 별로 없고 주로 항공기가 공항 활주로에서 뜨고 내릴 때, 그리고 공항으로 Approach 단계에 있을 때 주로 발생한다.

우리나라에서는 국적항공사인 대한항공과 아시아나만의 현황을 볼 때도 매년 60−70건 내외의 버드스트라이크가 발생하며 그로 인한 피해액은 엄청난 규모가 된다. 따라서 논밭에서 새를 쫓기 위해 허수아비를 세우는 노력을 하듯, 항공기의 안전 운항을 위해 공항 주변에서는 이렇게 새를 공항 주변 밖으로 쫓아내기 위해 늘 신경을 곤두세우고 다양한 방법을 동원하고 있다. 김포공항에서는 공항 근처에 한달에 2~3번씩 송골매 4마리 정도를 풀기도 하고, 부산 김해공항의 경우 조류 퇴치조를 운영해 엽총으로 무장한 공군병사 6명이 하루종일 활주로를 지키기도 한다.

언젠가 새가 항공기와 부딛히지 않는 기술이나 방법이 개발되지 않는 한 공항에서 새와의 전쟁은 끊임없이 계속될 것이다.

(3) 기내에서 환자가 발생한다면?

항공기내에서 갑자기 환자가 발생하는 경우, 승무원은 즉시 환자의 상태를 살피고 경미한 상황이 아니라고 판단되면 가장 먼저 하는 일은 기장에게 관련 현상을 알리고 기내에 의사나, 간호사 등 의료계에 종사하는 승객이 있는지 확인하게 된다. 다행히 기내에 의사가 있다면 그 의사로부터 환자에 대한 진단 결과를 듣고 인근 공항으로 회항하거나 기내 응급조치로 끝낼 것인지 도움을 받게 된다.

> *"기내에 계신 승객 여러분께 잠시 안내 말씀 드리겠습니다. 손님들 중에 의사 선생님이나 간호사 선생님 계십니까? 현재 기내에 급한 환자가 발생했습니다. 의료계에 종사하시는 분이 계시면 저희 승무원에게 말씀하여 주십시오."*

이런 방송을 통해 다행히 의사나 의료업계 종사자가 있다면 기내에서 도움의 기회를 가질 수도 있다.

몸에 이상을 느끼면 즉시 승무원을 호출해야 한다. 일반적으로 생각하는 객실 승무원의 역할은 서비스에 있지 않다. 객실 승무원의 첫 번째 존재 이유는 승객의 의료 비상상황에 도움을 주기 위한 것이다. 민간 항공기가 운행되기 시작했던 초기 시절의 객실 승무원이 간호사였던 것을 생각해 보면 쉽게 그 존재 이유를 알 수 있다.

현재의 객실 승무원은 승객의 신체상 위기 상황에 대비해 훈련과 교육을 중점적으로 받고 있으므로 훈련된 준 전문가임을 알 수 있다.

(4) 항공 동맹체

항공업계는 바야흐로 동맹체 시대다.

항공사간 경쟁에 있어 경쟁력을 좌우하는 것 중 가장 중요한 것이 스케줄이다.

얼마만큼 다양한 지역에 다양한 시간대에 항공기를 띄우느냐 하는 것이 경쟁력이라는 말이다.

하지만 세계 어느 항공사건 전 세계 모든 지역을 커버하는 항공사는 없다. 이런 필요성 때문에 나타난 것이 항공 동맹체, 즉 얼라이언스(Alliance)다.

이런 동맹체는 여러 항공사들이 동맹, 제휴를 맺음으로써 이용하는 승객 입장에서 마치 한 개 항공사를 이용하는 듯, 각기 다른 항공사임에도 동일한 혜택을 제공하는 것을 목적으로 한다.

대표적인 항공 동맹체로는 스타 얼라이언스(Star Alliance), 스카이팀(Sky Team), 원월드(Oneworld) 등이 있다. 가입 항공사 수로 보면 스타 얼라이언스가 가장 많은 회원 항공사를 자랑하고 있으며 최근 활발한 활동을 벌이고 있는 스카이팀이 그 뒤를 쫓고 있으며, 원월드는 그 활동이 다소 정체된 듯한 느낌이다.

아시아나 항공이 속해 있는 스타얼라이언스 동맹체는 많은 회원사를 보유하고 있으며 반면 대한항공, 에어프랑스 등이 주축이 되어 출발한 스카이팀은 후발 주자로 주도적인 항공 동맹체가 되기 위해 맹렬하게 스타얼라이언스 뒤를 쫓고 있으나 최근 컨티넨탈항공이 스타 얼라이언스로 이탈하는 등 회원사 확대에 어려움을 겪고 있다.

원월드는 유럽 등에서는 많은 노선을 확보하고 있지만, 아시아 쪽에서는 아직 회원사가 많지 않아 항공 노선 다양화라는 측면에서 아직 많이 부족한 상황이다.

동맹체는 업무 제휴와 협정을 통해 동일한 서비스를 제공하고 있지만, 각기 다른 항공사이니만큼 자사의 색깔을 그대로 드러내어 운영하고 있다. 항공기도, 복장도 각사 고유의 것을 유지하고 있는 것이다. 그래서 등장한 것이 동맹체 홍보를 위한 마케팅 항공기다.

이 마케팅 항공기는 각 회원사가 각기 운영하는 것이지만 항공 동맹체를 대표하는 동일한 디자인으로 도색해 실제 자사 노선에 투입한다.

(5) 휴대전화 사용 금지

항공기 안에서의 휴대전화 사용은 거의 대부분의 항공사들이 금지하고 있는 상황이다.

그럼 왜 항공사들은 항공기 안에서 휴대전화 사용을 금지하는 것일까?

우리 주변에는 무수한 전파가 그 영역대를 넘나들며 지나다니고 있다. 게다가 최근에는 무선기기가 급증하면서 전파 혼선으로 인한 전자기기의 오동작 사례들이 드물지 않게 보고되고 있다. 꽤 오래 전이지만, 휴대전화 사용이 자동차의 와이퍼(windshield Wiper)를 비정상적으로 작동시키는 사례를 실험으로 TV를 통해 본 적도 있다.

항공기는 자동차와는 비교할 수 없을 만한 최첨단 항법장비, 자동비행장치, 통신장비 등을 갖추고 있다. 수많은 전자장비를 갖춘 항공기 내에서의 휴대전화, 노트북 컴퓨터 사용으로 인한 기기 비정상 작동 등의 사례는 여러 차례 보고되어 왔다. 특히 항공기 운항 상태 중, 문을 닫고 항공기가 이동해 활주로를 이륙하는 동안, 그리고 착륙해서 터미널로 들어올 때까지는 엄격하게 전자기기의 사용을 금지하고 있다. 항공기가 이착륙하는 동안은 항공기 무선기기를 가장 많이 사용하는 순간이기 때문이다. 이착륙 과정에서 관제탑과의 수많은 교신이 이루어지는데, 자칫 휴대전화 전파 혼선으로 인해 중요한 지시를 놓지는 경우 항공기 사고로 직결될 수도 있다.

그러나 이런 중요한 순간을 제외하면 항공사에 따라 휴대전화나 PDA, 노트북 컴퓨터 등의 사용을 허가하기도 한다. 이렇게 휴대전화 사용은 항공기의 안전 운항을 저해할 우려가 있는 바, 만의 하나라도 발생하지 말아야 할 비극을 막기 위해 항공기 안에서의 휴대전화 사용은 법으로 제한하고 있다.

항공법

제61조의 2 (전자기기의 사용제한) 건설교통부장관은 운항중인 항공기의 항행 및 통신장비에 대한 전자파 간섭 등의 영향을 방지하기 위하여 건설교통부령이 정하는 바에 따라 여객이 휴대한 전자기기의 사용을 제한할 수 있다. [본조신설 99 · 2 · 5]

(6) 항공기내 불법행위 금지

항공기가 도어를 닫는 순간 기내안에서 일어나는 모든 안전을 방해하는 행위를 하는 승객은 항공보안요원인 승무원의 직무상 지시에 따라야 한다. 이를 어길 시 항공법 제 23조에 의해 규정에 따라 조치를 취하게 된다. 이 법을 어겨 실제로 처벌 받은 사례도 있다. 기내 불법행위라 함은 승무원 폭행, 성추행, 기내 흡연, 업무방해 행위 등이 있는데 이와 관련하여 뉴스에서 승무원 폭행사건이나 성추행 사건에 대한 기사를 심심치 않게 접하게 된다. 뉴스에서는 모 기업 높은 직급의 임원이 기내에서 갑질 행위를 부리며 승무원을 폭행했다거나, 술에 취한 재벌2세가 승무원을 폭행하는 사건으로 다루지만 이것들은 모두 기내 불법행위에 해당한다. 승객의 음주로 인한 고성, 싸움, 폭행등의 사건은 자주 일어나는 일이며 이 역시 승무원 업무방해 행위에 해당하므로 승무원은 승객의 과도한 음주를 주의시킬 필요가 있다. 또한 기내에서는 모든 곳에서는 흡연을 금지하고 있다. 비행 중 흡연 금지 방송으로 안내도 하고 있다. 기내안에는 가연성 물질이 많기 때문에 작은 담배불씨로도 순식간에 큰 화재를 비롯해 심각하면 폭발까지 이어져 대형 사고가 날 수 있는 중대한 사안이다. 하지만 이를 무시하거나 잘 모르고 기내 화장실에서 담배를 피게 되면 승무원들이 알아챌 수 있도록 스모크 디텍터가 연기를 감지하여 알람이 울리게 되며 현장에서 적발된 흡연승객은 공항에 도착해 경찰에 인계되거나 벌금을 물게 된다.

공항을 연결하고 있던 브릿지를 떠난 항공기의 내부는 기장과 승무원 그리고 승객들만이 남게 된다. 이 좁은 공간에서 출발 후 도착까지 긴 시간동안 승객들이 목적지까지 안전하게 도착할 수 있도록 책임을 지는 사람은 승무원들인 것이다. 따라서 어떠한 이유로도 다른 승객들의 안전을 위협하거나 승무원의 업무를 방해하는 행위를 하는 탑승객에 대한 엄격한 규칭을 적용하여 항공법에 따라 조치할 수 있도록 공항에 도착하면 공항 경찰에 연락을 하게 되고 사법당국에 인계하도록 되어 있다. 이와 같이 좁은 기내 안에서 목적지까지 모든 승객의 안전을 위해 다른 승객의 안전과 승무원의 업무를 방해하는 모든 행위는 기내에서 금지되어 있다.

항공법

'항공안전 및 보안에 관한 법률'(이하 항공법) 제23조는 '승객의 협조의무'로 '기장 등의 업무를 위계 또는 위력으로써 방해하는 행위', '폭언, 고성방가 등 소란행위'를 해서는 안 된다.

항공법 제43조는 '직무집행방해죄'로 '폭행 · 협박 또는 위계로써 기장 등의 정당한 직무집행을 방해하여 항공기와 승객의 안전을 해친 사람은 10년 이하의 징역에 처한다'고 돼 있다.

MEMO

Chapter 08 면접 코칭

SOS 면접 도와주세요!!

Q1 마법에 걸렸어요.

내일이 면접인데 마법에 걸렸습니다. 컨디션도 안 좋고, 피부도 푸석하고…. 좋은 방법 없을까요?

A 대부분의 여성들이 한 달에 한 번씩 걸리는 마술 때문에 정신적, 육체적으로 조용한 전쟁을 치르게 됩니다. 생리 전, 후 사람마다 각양각색의 증상들이 나타나며 그것으로 인해 일상생활에 불편을 겪게 되고 그 정도가 심하면 사회생활이나 대인관계에도 문제를 일으킬 수 있습니다.

우선 정신적으로 얼굴에 "날 건드리지 마세요"라고 써 붙인 듯한 신경질적인 표정, 불안감이나 우울감으로 예민해져 감정의 기복이 심하기도 합니다. 신체적으로도 젖가슴 통증, 피로감 이외에 피부가 푸석해 지고 뾰루지가 돋기도 하며, 다크서클, 부종 등이 나타납니다.

면접 당일 심호흡과 명상으로 긴장감을 풀어 주고 통증도 완화해 보세요.

또한 신선한 물을 많이 마시는 것도 도움이 됩니다. 물을 많이 마시면 이뇨작용을 촉진하여 몸이 붓는 것을 막아주고, 생리 노폐물을 몸 밖으로 원활하게 배출시켜 다크서클이 진해지고 뾰루지가 난 피부를 깨끗하고 맑게 하는데 도움이 됩니다. 또, 핫팩이나 온열 담요를 배 위에 올려 팩을 하면 경직된 근육을 이완시키고 고통을 줄여 줍니다.

생리 중 피부상태는 혈색이 창백하고 푸석거리기 쉬운데 면접 전 날에는 영양감 있는 팩을 해주고 면접 당일에는 건강한 혈색으로 연출해 주는 핑크톤 메이크업 베이스를 얇게 펴 발라 줍니다.

Q2 얼굴이 부었어요.

면접이 오전 시간으로 잡혀 있는데, 저는 아침에 항상 얼굴이 부어 있거든요. 면접 날, 부은 얼굴을 빨리 가라 앉히는 방법 좀 알려 주세요.

A 한방에서는 하체에 문제가 있을 때 얼굴이 잘 붓는다고 합니다. 또 평소 자세가비뚤어진 사람도 얼굴이 쉽게 붓는데 이런 사람의 경우 행동패턴을 조금만 바꿔도 쉽게 좋아질 수 있습니다.

우선 취침 시 지나치게 낮은 베개는 수분이 얼굴로 쏠려 다음날 얼굴이 붓기 쉽습니다, 그리고 엎드려 자는 자세는 원활한 혈액순환이 어려워지기 때문에 얼굴이 부을 수 밖에 없구요. 맵고 짠 음식은 건강에도 좋지 않지만 잘 붓는 사람은 특히 싱겁게 먹는 습관을 들여야 합니다.

면접 날 아침에 눈을 떠 보니 얼굴이 많이 부어 있다면 다음과 같이 해 보세요.

첫째, 아침 세안 시 뜨거운 물과 찬 물로 번갈아 가며 사용해 보세요. 부은 얼굴을 차분하게 가라 앉혀 줍니다.

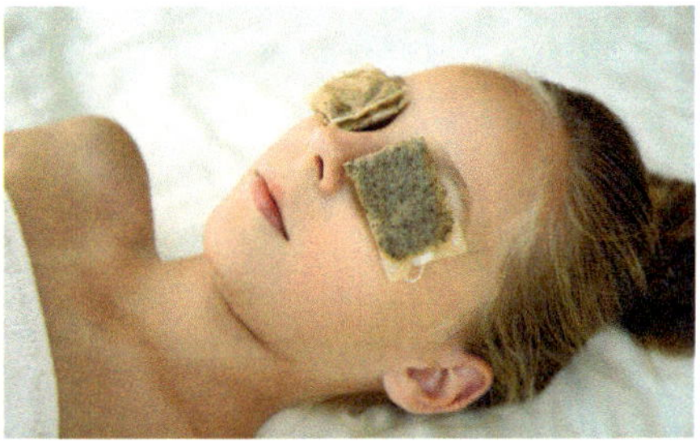

둘째, 샤워 시 샤워기를 얼굴 가까이 대고 신경이 많이 쓰이는 부위, 즉 많이 부은 얼굴 부위에 집중적으로 물을 뿌려 줍니다. 수압이 센 샤워기의 물줄기는 얼굴을 가볍게 두들겨 주는 작용으로 부은 얼굴에 자극을 줄 수 있습니다.

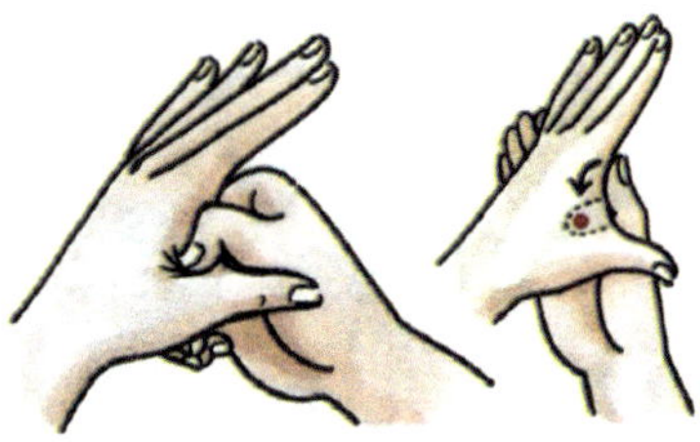

셋째, 녹차는 부기를 빼는 데 탁월한데, 티백을 이용해도 좋습니다. 녹차의 타닌 성분이 근육과 피부를 조여주는 역할을 하기 때문이죠. 우리고 남은 녹차 티백을 버리지 말고 냉동실에 잠깐 넣어두었다가 부은 얼굴, 특 히 눈가에 올려놓으면 짧은 시간에 부기를 뺄 수 있답니다.

넷째, 눈의 붓기는 냉동실에 넣어 두었던 스푼으로 손 쉽게 가라 앉힐 수 있습니다. 물에 적신 거즈나 손수건으로 스푼을 감싼 후 부은 눈에 대 보세요.

다섯째, 엄지와 검지 사이의 오목한 부분을 약간 아프다 싶을 만큼 꾹 눌러 줍니다.

여섯째, 화장솜을 스킨에 적셔 냉동실에 잠깐 넣어 두었다가 얼굴에 얹으면 간편하게 붓기를 뺄 수 있습니다.

Q3 시도 때도 없이 얼굴이 붉어져요.

얼굴이 자꾸만 빨개집니다. 면접에서도 얼굴이 달아오르면 어쩌죠? 당황스러워 제대로 면접을 볼 수 있을지 걱정됩니다.

A 시도 때도 없이 얼굴이 붉게 달아오르는 안면홍조증. 찬바람이 불고 날씨가 추워지면 증세는 더 심해지죠.

심하게 붉어지는 얼굴은 의학적으로 보면 일상생활에 지장을 주는 심각한 병은 아니지만 당사자는 크고 작은 심리적 위축을 호소하며 고통스러워합니다.

일상생활에서 자신의 감정을 낱낱이 들켜버리는 것은 물론 자신감 있는 인상을 주지 못하여 시험이나 면접에서 불이익을 받는 등의 실제적인 고통을 겪기도 한답니다.

안면홍조증을 예방하기 위해서는 최대한 모세혈관을 자극하지 않는 환경을 조성해야 합니다.

첫째, 우선 주변은 서늘한 온도가 좋고, 사우나나 찜질방 등은 피하는 것이 좋아요. 면접 시 추운 곳에 있다가 실내로 들어갈 경우, 손바닥으로 볼을 감싸고 마사지를 하면 혈액순환이 활성화되는 효과가 있습니다.

둘째, 자외선은 혈관을 지지하는 탄력섬유를 파괴하여 혈관 확장을 초래하므로 항상 자외선 차단에 신경을 써야 하며 또한 피부질환 연고를 함부로 발라서는 안 됩니다. 특히 스테로이드성 연고는 오래 바르면 모세혈관을 확장시킨답니다.

셋째, 자극적인 음식은 피하며 혈관 보호 기능을 하는 비타민 E를 매일 섭취하는 것도 좋습니다.

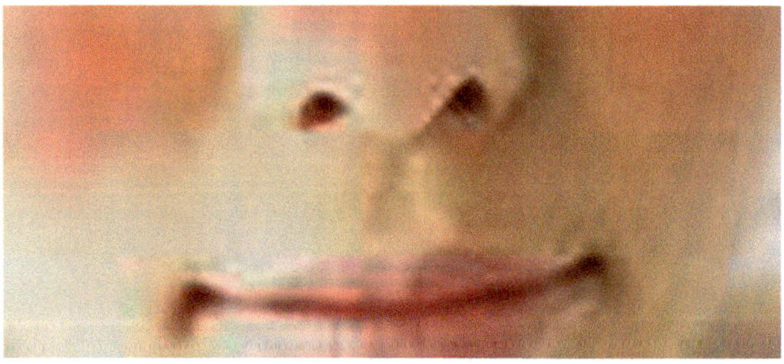

Q4 다클서클! 인상이 어두워 보여요….

다클서클 때문에 피곤해 보인다는 얘길 자주 듣습니다. 면접에서 밝고 건강한 이미지를 주고 싶은데 좋은 방법 가르쳐 주세요.

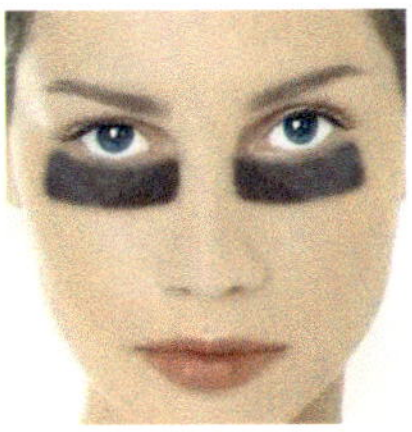

A 다크 서클의 원인은 여러 가지지만 크게 눈 밑 지방이 불룩하게 나온 경우, 지방이 너무 없어 꺼져 보이는 경우, 색소 침착으로 검게 보이는 경우, 눈 밑의 정맥이나 혈관으로 인해 검푸르게 보이는 경우 등이 대표적입니다. 특히 잠을 충분히 자지 못했거나 월경 전후, 스트레스가 쌓인 경우에는 눈 주위의 혈액순환이 안 돼 다크 서클이 더 심해지고, 또한 눈 화장을 한 뒤 깨끗하게 지우지 않아도 생길 수 있습니다. 이외에 호르몬 분비 이상이나 간장, 위장 등의 여러 질환으로 인해 생기는 내부 원인으로 인한 색소 침착과 림프 순환 장애도 다크 서클을 악화시키죠.

다크 서클을 막기 위해서는 평소에 스트레스와 피로가 쌓이지 않도록 하고, 눈 전용 클렌저로 눈 화장을 깨끗하게 지우는 것이 중요합니다. 특별히 아이크림이나 보습 성분이 있는 로션을 발라 눈가가 건조해지는 것을 막고, 외출할 때는 선 블록 제품을 골고루 발라 자외선으로부터 눈 주위 피부를 보호해 줍니다.

면접을 위하 메이크업 시 다크 서클을 커버하는 필수 아이템은 컨실러.
컨실러를 전체적으로 바르지 말고 가장 어두운 부분만 커버하면 전체적으로 환해 보이죠.

① 먼저 파운데이션을 바르고
② 납작한 컨실러 전용 브러시에 컨실러를 묻혀 눈 밑 다크 서클 부분과 콧방울에 메이크업이 뭉치지 않도록 바릅니다.
③ 그 다음 퍼프에 투웨이 케이크나 팩트를 묻혀 콧등과 얼굴 전체에 가볍게 톡톡 눌러 마무리합니다.
④ 눈 밑 살에 바이올렛 혹은 핑크와 펄 화이트 파우더를 믹스해서 바르면 빛 반사를 통한 착시 효과로 눈 밑이 화사하게 표현됩니다. 이때 아이섀도용 미니 팁 대신 크고 둥근 붓으로 살짝 터치해야 얼룩지지 않습니다.

Q5 입술 각질이 심하게 일어나요.

면접이 얼마 안 남았는데 입술 각질이 심하게 일어나 보기가 싫습니다. 면접 날 메이크업도 걱정되구요. 입술 관리 방법이 따로 있나요?

A 얼굴이나 몸처럼 입술에도 각질이 생기죠. 하얗게 일어난 껍질이 바로 그것. 각질이 일어났다고 손으로 뜯는 것은 절대 금물입니다. 그럴수록 피나고 각질만 더 심해지니, 이런 경우 스팀타월이나 입술 전용 각질 제거제를 이용해 보세요. 일주일에 한두 번은 스팀타월로 각질을 불려 제거하는 것이 입술 건강을 지키는 길입니다.

먼저 물 적신 타월을 전자레인지에 넣고 잠깐 돌려 만든 스팀타월을 입술에 대고 각질을 불린 다음 손으로 부드럽게 밀어내면 각질이 떨어집니다.

각질이 유난히 두껍게 일어나는 사람이라면 매일매일 각질 정리를 해주는데, 자칫하면 입술이 더 건조해질 수 있으니 반드시 스팀타월로 입술을 충분히 불린 후 면봉을 이용해 부드럽게 문지르고, 보습 성분 립밤을 듬뿍 바르고 자면 효과가 있습니다.

면접 전날에는 입술을 위한 천연팩을 한 번 해 보세요.

꿀은 보습 효과가 뛰어난 식품. 꿀을 따뜻하게 데운 뒤 면봉이나 스틱 등으로 입술과 입술 주변에 바른 다음 랩으로 10~20분쯤 덮어두었다가 물로 살짝 헹구어 냅니다. 또는 찬 우유를 화장솜에 묻혀 입술에 20분쯤 덮어두었다가 떼는 방법도 간단하고 좋습니다.

Q6 성형수술 후인데, 아직 부기가 남았어요.

면접이 얼마 안 남았는데 성형 수술 붓기가 아직 덜 빠졌습니다. 부기 빼는데 좋다는 호박을 먹고는 있는데 집에서 할 수 있는 케어는 없을까요?

A 수술 과정에서 부득이하게 발생하는 어혈들이 초기에 순조롭게 제거되지 못할 경우, 부기가 쉽게 빠지지 않게 됩니다. 수술 후 잘 때 머리를 높게 하면 부기가 좀 더 빨리 가라 앉고 찜질은 부기가 쉽게 빠지는데 매우 중요합니다. 수술 후 1~2일째까지는 모세혈관을 수축시켜 급속 부기를 억제하는 냉찜질을 하되 약 10분 정도 찜질한 후 20분 정도 쉬는 식으로 반복합니다. 그 이후에는 혈액 순환을 도와 멍을 감소시키는 미지근한 정도의 온찜질을 권합니다. 스팀타월을 수술 부위에 20초 정도 반복해서 얹어 놓되 얼굴에 랩이나 거즈를 깔고 하면 자극이 덜 하답니다.

또, 쌍커풀 수술의 경우 부기를 빼는 지압법이 있습니다. 검지와 중지를 이용해 눈썹과 눈썹 사이 뼈부터 눈썹 바로 아래 움푹 들어간 부분까지 가볍게 눌러 줍니다. 부은 눈과 미간의 혈액 순환을 자극해 부기가 빨리 가라앉죠. 그 다음은 눈 밑에서 볼까지 연결되는 부위를 가볍게 눌러줍니다. 이곳을 지압하면 눈의 부기가 제거되고 눈매가 또렷하고 생기 있어 보이기 때문입니다. 아이 크림도 제대로 발라주면 부기가 잘 빠지는데 검지를 이용해 아이 크림을 눈꼬리 쪽에서 코 쪽으로 마사지하듯 발라줍니다. 이때 손가락에 살짝 압력을 가해 둥글게 돌려주는 것이 포인트! 크림 타입이나 젤 타입의 아이 제품을 냉장고에 넣어 차갑게 해두었다가 사용하면 훨씬 효과적입니다. 캐머마일 등이 함유돼 부기를 쉽게 빼주는 기능의 아이 크림을 선택하는 것도 방법입니다.

Q7 피지가 너무 많아 번들거려요.

항상 얼굴에 피지가 많아 번들거립니다. 기름종이로 피지를 제거하지만 문제는 화장이 너무 쉽게 지워진다는 겁니다. 특히, 면접 날 화장을 오래 지속시킬 수 있는 방법은요?

A 피지를 확실하게 잡는 모닝 메이크업을 소개해 드리겠습니다.

[Step1] 녹차 세안으로 피지 제거

녹차 세안으로 밤새 얼굴을 뒤덮은 끈적이는 피지를 확실하게 걷어 냅니다. 세면대에 따뜻한 물을 받은 뒤 녹차 티백을 넣고 3분 정도 우린 물로 얼굴을 적신 후 폼 클렌징을 사용해 피지를 깨끗하게 닦고 헹굽니다. 마지막으로 흐르는 찬물로 열기를 식히고, 모공을 조이는데 녹차 우린 물을 냉장고에 넣어 두었다가 마지막 헹굴 때 찬물 대신 사용하면 모공을 더 확실하게 조일 수 있습니다.

[Step2] 냉장고에 넣어 둔 스킨으로 수분 공급

지성용과 같이 피지 분비를 조절하는 기능이 있는 스킨이나, 모공을 조여 주는 기능의 아스트린젠트를 냉장고에 넣어 두었다가 화장솜에 충분히 적신 다음 얼굴에 가볍게 두드리며 수분을 공급합니다.

[Step3] 수분 크림이나 가벼운 에센스 바르기

로션이나 영양 크림을 생략하는 등으로 기초화장도 최대한 가볍게 바르는 것이 좋습니다.
수분 크림이나 에센스를 바를 때는 평소 바르던 양의 ⅔정도로 양을 줄이고 가볍게 두드리며 바르는 것이 포인트입니다.

[Step4] 자외선 차단 효과가 있는 메이크업 베이스 or 프라이머

메이크업 베이스는 자외선 차단 효과가 있는 제품으로 유분이 적고 질감이 가벼운 것을 바릅니다. T존은 화장이 뭉치면 피지 분비가 더욱 심해지므로 한 번만 가볍게 펴 바르는 것이 요령. 모공이 커서 피지 분비가 많다면 피부에 얇은 막을 씌워 주는 프라이머를 선택하는 것도 방법이에요. 메이크업 베이스와 마찬가지로 유분이 적은 오일 프리나 젤 타입을 선택하세요.

[Step5] 투웨이케이크 or 팩트로 1석2조 피부 표현

여름에는 파운데이션 하나만 생략해도 두께감은 물론 피지도 확실하게 줄어듭니다. 스펀지를 물에 가볍게 적신 뒤 꼭 짠 다음 투웨이케이크나 팩트를 이용해 피부 메이크업을 합니다.

[Step6] 한 가지 컬러를 손가락으로 펴 바르기

아이섀도는 손가락에 소량만 묻혀 가볍게 펴 바른 뒤 컬러 아이 펜슬로 눈매를 잡아 주면 깔끔하죠. 여름에 유분기가 많은 크림 타입의 아이섀도를 바르면 시간이 지나면서 쌍꺼풀 라인을 따라 뭉쳐 수정하기도 쉽지 않아요. 여름엔 펄이 많은 제품을 바르기도 하는데, 화학 성분이 모공을 자극해 모공이 넓어지면서 피지가 많이 배출되므로 피하는 것이 좋습니다.

Q8 천근 만근, 부종~ 다리가 잘 부어요.

승무원 면접에서는 다리 모양을 많이 본다고 하던데 저는 다리가 늘 묵직합니다. 부은 다리 가볍게 하는 좋은 방법 없을까요?

A ① 발 마사지 – 부종으로 종아리가 무겁게 느껴질 때 주먹을 가볍게 쥐고 발바닥 가운데를 시원하게 두드려 줍니다. 혈행이 좋아져 피로회복에도 도움이 되고 다리의 부기도 해소된답니다. 또 부기가 심해 구두에 발이 안 들어가는 경우 발가락 사이를 양손 엄지로 힘있게 눌러주면 시원해지면서 부기 해소에도 도움이 되죠.

② 천일염 족욕 – 면접 전날 밤, 대야에 따뜻한 물을 담고 천일염을 반 주먹 정도 넣어 녹인 다음 발을 담급니다. 온몸에 따뜻한 기운이 퍼져 발의 피로가 해소되고 몸이 가뿐해진답니다. 숙면도 취할 수 있고 아침에도 다리가 한결 가볍습니다. 평소에도 매일 잠자기 전 40℃ 정도의 따뜻한 물에 좋아하는 아로마 오일을 떨어뜨려 발을 40분 정도 담그는 족욕을 생활화 하는 것도 효과적입니다.

③ 부기 빼는 생활습관 – 평소 앉아 있을 때 발끝을 위아래로 움직이며 충분히 운동을 해 주세요. 매일 간단한 스트레칭을 하는 것도 효과적입니다. 앉아서 다리를 벌린 채 앞으로 숙이는 동작은 다리 전체의 부기를 빼는데 좋구요. 잠잘 때 베개를 무릎 밑에 넣어 심장보다 높게 아는 것도 잊지 마세요. 체액이 중력에 따라 심장으로 쉽게 흡수되어 다리를 날씬하게 만든답니다. 또 다리는 가지런히 모아 꼬고 앉지 않도록 유의하세요.

④ 물구나무 서기 – 하루에 한 번 2~3분간 물구나무서기를 해 보세요. 순환이 안 돼 고여 있던 혈액이 심장 쪽으로 흘러 들어가 혈액순환에 도움이 된답니다.

Q9 눈썹의 결점.. 커버하는 방법?

눈썹의 결점을 커버해서, 면접 날 최상의 메이크업을 하고 싶어요.

A ① 끝이 얇고 희미한 형 – 꼬리 부분과 콧망울 부분을 연결해 눈썹꼬리 위치를 정하고 2/3 지점에 눈썹산을 그립니다.

펜슬로 한올 한올 심듯이 꼼꼼하게 그려주고 섀도우로 어색하지 않게 메워 줍니다.

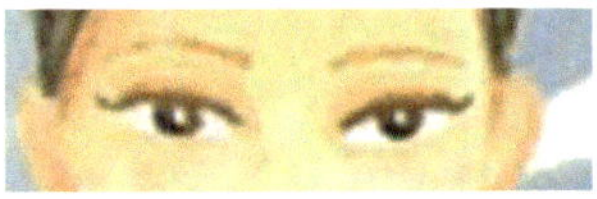

② 좌우가 다른 짝짝이 형 – 눈썹산과 앞머리 위치를 맞춰 양쪽의 높이를 맞춰 그리고 너무 진하지 않게 섀도우로 그려준 뒤 투명 마스카라로 빗어 최종 정리합니다.

③ 아래로 쳐진 형 – 일명 팔(한문)자 눈썹! 눈썹 머리를 꼬리와 수평이 되게 그린 후 그 라인에서 벗어난 잔털은 뽑습니다. 눈썹산을 약간 강조하면 처진 눈썹에 긴장감이 생긴답니다.

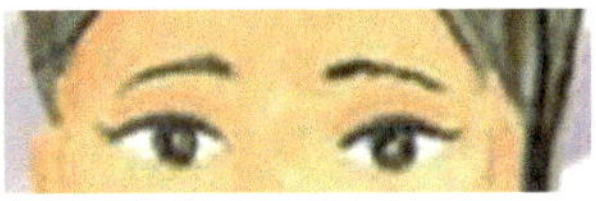

④ 일자 형 – 눈썹 머리와 끝을 내리거나 눈썹산을 높여 그린다음 그 라인을 벗어난 잔털을 뽑아 여성스런 눈을 만들 수 있어요.

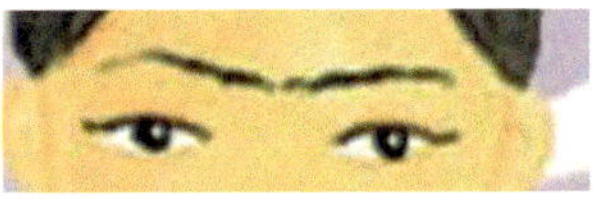

⑤ 미간이 넓은 형 – 눈썹 머리에 눈썹과 유사한 컬러의 섀도우로 어색하지 않게 그려주고 펜슬로 터치하듯이 그려 자연스럽게 마무리 합니다.

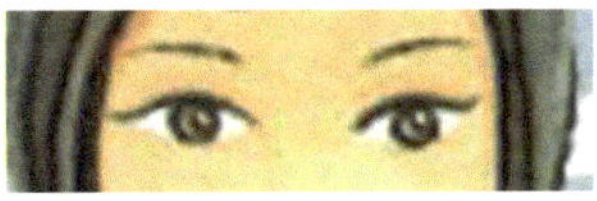

Q10 피부에 각질이 일어나요.

**각질이 많아 얼굴색도 칙칙하고 화장도 잘 먹질 않네요.
면접이 며칠 안 남았는데 미리 각질 관리를 해야 하겠죠?**

A 각질은 피부 가장 바깥에서 피부를 보호하며, 피부 표면의 매끄러운 정도를 나타내기도 합니다.피부 표면 뿐만 아니라 피부 기능 전체에도 영향을 미칠 수 있으므로 원인에 맞는 해결책을 찾아 제대로 관리를 해 주어야 합니다.

① 피부가 당기면서 푸석거리며 하얀 가루들이 나뒹굴어요 – 이는 수분 부족이 원인이예요. 특히 가을, 겨울철엔 각질 사이사이에 머물러 있어야 할 수분량이 줄어들면서 각질들이 들뜨게 되는 것이지요. 이럴 때 피부가 원하는 건 각질제거가 이니라, 수분이라는 것을 꼭 명심해야 됩니다. 수분을 먼저 보충한 다음, 푸석푸석한 각질을 정돈하여 피부를 매끄럽게 해 주세요

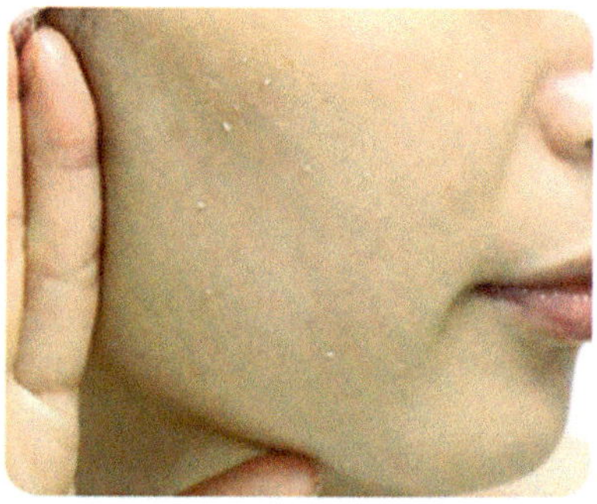

② 번들거리면서 각질이 군데군데 들떠 있어요 – 번들거림 보다 더 큰 문제는 피지가 바깥으로 분비되지 못하고 모공 속에 쌓여 덩어리가 생겨 블랙헤드를 만들거나, 붉은 트러블을 발생시킨다는 것입니다. 이때 모공을 막는 존재가 바로 각질입니다. 각질이 그대로 모공을 덮고 있는 상태로 아무리 화장품을 잘 발라 줘도 화장품은 제대로 흡수되지 않겠죠. 각질 제거를 우선적으로 해줘야 근본적인 문제를 해결해 줄 수 있어요.

③ 트러블이 발생하면서 각질까지 있어요 – 가을철엔 낮과 밤의 기온차로 피부의 저항력이 떨어지기 쉬워요.
얼굴이 화끈거리거나, 트러블이 발생하여 울긋불긋 해지면서 각질까지 발생하게 된답니다.
이럴 땐 트러블 진정과 함께 각질 제거 손실이 필요합니다. 트러블이 있는 부위를 무리하게 문지르거나, 자극을 가하게 되면, 오히려 피부가 더 예민해져 트러블이 심해 질 수 있어요. 트러블 부위를 가라앉혀 주면서 동시에 트러블을 유발하는 피지나, 노폐물을 제거하면서, 각질 제거 효과가 우수한 제품을 선택하여 관리해 주는 것이 좋습니다.

Q11 내가 떨면… 목소리도 떨려요

친구들이랑 얘기할 땐 괜찮은데 사람들 앞에 나가서 말할 땐 목소리가 너무 떨립니다. 면접에서도 분명 떨리다 못해 울먹이는 목소리가 될 것 같아 벌써부터 걱정입니다.

A 평소 말을 할 땐 안 떨리다가도 왜 다른 사람들 앞에 서면 떨리는 걸까요. 전문가들은 긴장이나 불안 상태로 인해 생기는 호흡의 불안정이 원인이라고 말합니다. 과도하게 긴장하거나 흥분하면 심장 박동 수가 늘고 가슴이 두근거릴 뿐만 아니라 호흡이 빨라지죠. 목소리는 호흡을 원동력으로 하기 때문에 호흡이 불안정해지면 목소리도 불안정해져 떨리거나 말문이 막히고 기어 들어가는 듯한 소리가 난답니다.

그렇다면, 목소리 떨림증을 예방 할 수 있는 발성호흡법을 매일 매일 꾸준히 해 보세요.

① 편안한 자세로 누워서 책을 배에 올린 뒤 숨을 들이쉴 때 책이 올라가도록 수 차례 호흡합니다.

② 1번 자세에서 입을 약간 벌리고 입과 코로 동시에 빨리 숨을 들이마시고, 내쉴 때는 입술로만 가능한 한 길게 내쉽니다.

③ 익숙해지면 책을 치운 상태에서 2번과 동일한 방법으로 호흡하세요.

④ 의자에 엉덩이를 집어넣고 허리를 펴고 바르게 앉습니다.

⑤ ②번과 동일한 방법으로 호흡하되 흉부가 양 옆으로 확장되는 느낌을 갖습니다.

⑥ 땅바닥에 배를 깔고 엎드립니다.

⑦ 동일한 방법으로 호흡한다. 가장 숨을 쉬기 힘든 자세로 폐활량을 높일 수 있습니다.

⑧ ①~⑦번까지의 자세를 몸에 무리가 가지 않도록 되풀이 합니다.

Q12 쪽머리를 하면 이마가 너무 넓어요

면접을 앞두고 쪽머리를 해 보았는데, 역시 민망했습니다. 여태껏 이마가 넓어서 앞머리를 올린 적이 한 번도 없었는데…. 차라리 커트 머리를 하는 게 더 나을까요?

A 물론 승무원의 헤어 스타일로 가장 많이 선호되는 것이 올림머리입니다. 여승무원의 경우 긴 머리는 하나로 묶어 쪽 진 머리를 하고 짧은 머리는 눈썹을 가리지 않도록 깔끔하게 정리를 합니다.

항공사 면접 시 긴 머리라면 물론 일명 쪽머리라 불리 우는 올림머리를 하셔야 합니다만 의외로 헤어 라인 때문에 자신 없어 하는 지원자들이 많습니다. 굳이 헤어 라인이 울퉁불퉁해서, 혹은 이마가 너무 넓어 보인다는 이유로 올림머리를 포기하지 마세요. 그렇다면 당장 병원으로 달려가 모발이식 수술이라도 받아야 할까요? 아니면 모 연예인의 흑채를 사용해야 하나요?

정답은 메이크업입니다.

시중에 콘테(또는 콩테)라는 제품이 나와 있습니다.
굳이 콘테를 구입하지 않더라도 흑색과 브라운 컬러의 섀도나 아이브로우 케이크를 사용해 헤어 라인만 잘 메워도 숱이 많아 보이고 얼굴은 작아 보입니다. 우선 머릿결 방향대로 바르는 것이 중요합니다. 머리 속은 진하게 표현하고 페이스는 연하게 그라데이션하면 자신 있게 이마를 드러낼 수 있답니다.

NOTE

항공사 면접성공을 위한

이미지경영

발행일 2020년 12월 28일

저 자 문희정 · 박지현
발행인 모흥숙

발행처 도서출판 새로미
주 소 서울 용산구 한강대로 104 라길 3
전 화 TEL : (02)523-5003~4
팩 스 FAX : (02)2693-2437

E-mail seromi@seromi.kr
Homepage www.seromi.kr

ISBN 978-89-6476-740-5 (93320)
정가 19,000원